KANADA - DER OSTEN

Und Du fragst mich, woher die Geschichten?
Woher die Legenden und Traditionen,
Mit dem Nadelduft der Wälder,
Mit dem Tau im Grün der Wiesen,
Mit dem Kringel Rauch der Wigwams,
Mit dem Rauschen großer Flüsse, ...
So werd' ich antworten, so werd' ich sagen,
»Aus den Wäldern und Prärien,
Aus den Seen des Landes im Norden.«

(Henry Wadsworth Longfellow, The Song of Hiawatha, 1855)

KANADA

DER OSTEN

Bilder von
Karl-Heinz Raach
Texte von
Karl Teuschl

INHALT

Hollywood des Nordens: die bunte Metropole Toronto ist als Kulisse bei Filmregisseuren sehr beliebt.

Titelseite:
Niagara Falls in Ontario - Ostkanadas berühmteste Attraktion.

Rücktitel:
Im Herzen der Laurentischen Berge: Lac Superieur bei St. Jovite.

Seite 1:
Kanadagänse - Symbol für ein weites, wildes Land.

Seite 2/3:
Herbe Schönheit am Atlantik: der Fischerort Tilting auf Fogo Island, Newfoundland.

Tradition mit Problemen: Die Fischerei im Nordatlantik ist vom Niedergang bedroht.

Wild und schön: die vom Meer geformte Felsküste bei Peggy's Cove, Nova Scotia.

Reviere der Paddler: die Seen und Bäche der Laurentischen Berge.

Niagara Falls: ein atemberaubendes - und feuchtes - Naturschauspiel für die Bootsfahrer der »Maid of the Mist«.

Pond Inlet, Baffin Island: Seit Urzeiten sind Boote die wichtigsten Verkehrsmittel für die Inuit, neu ist nur der Motor.

ZWISCHEN EISMEER UND ATLANTIK

Manche Länder haben zu viel Geschichte, Kanada hat zu viel Geographie«, sagte Premierminister Mackenzie King im Jahr 1936 bei einer Rede vor dem kanadischen Parlament einmal. In der Tat, Platz hat Kanada reichlich. Allein in Québec, der größten der zehn Provinzen im zweitgrößten Land der Erde, würde Deutschland gut viermal Platz finden. Im knapp 10 Millionen Quadratkilometer großen Gesamtkanada sogar fast 30-mal. Ein Land von den Dimensionen eines Kontinents. Nicht von ungefähr war es der kanadische Bahnvermesser Sandford Fleming, der 1884 vorschlug, die Welt in Zeitzonen einzuteilen.

Spiel mit der Geschichte: Fort George am Niagara River, heute ein Museum, war früher ein wichtiger britischer Stützpunkt.

Sein Land war einfach zu groß, um im Fahrplan der transkontinentalen Bahn mit nur einer Zeit auszukommen. Sechs Zeitzonen sind es schließlich geworden, über die sich Kanada heute von Neufundland bis ins 5500 Kilometer entfernte Yukon Territory erstreckt. Auch wenn der Osten Kanadas im Vergleich dichter besiedelt, besser erschlossen, kleinteiliger ist als der noch großräumigere Westen, so mangelt es doch nicht an grandiosen Naturlandschaften. Gut, die dramatische Bergwelt des Felsengebirges, der Rocky Mountains, fehlt, das macht der Osten jedoch wett mit einsamen Felsbuchten und Wattgebieten am Atlantik, mit lieblichen Farmlandschaften und waldreichen Seenplatten in Québec und Ontario, mit atemberaubenden Wasserfällen wie den Niagara Falls und arktischen Naturerlebnissen, einer Eisbärenbeobachtung in Churchill etwa oder einer Trekkingtour durch die Gletscherwildnis des Auyuittuq National Park auf Baffin Island.

Der französische Franziskanermissionar Louis Hennepin war 1687 der erste Besucher an den Niagarafällen - heute kommen jedes Jahr gut 12 Millionen.

Viel mehr als die Westprovinzen kann der Osten Kanadas jedoch mit urbaner Kultur und buntem Stadterleben aufwarten. Gut die Hälfte der 30 Millionen Kanadier lebt im Sankt-Lorenz-Tiefland zwischen Québec City und Windsor. Hier gibt es fabelhafte Museen und Theater, quirlige Märkte und Nightlife-Viertel, schicke Bistros und ultramoderne Konsumtempel. Die frankokanadische Metropole Montréal lockt mit gallischem Joie de Vivre, die idyllischen Kleinstädte Ontarios bezaubern mit nostalgischem Heile-Welt-Charme. Hier wie auch in den Atlantikprovinzen, in den postkartenschönen Fischerdörfern von Neufundland und Nova Scotia, fällt auf, wie liebevoll die historischen Örtchen gepflegt werden. Kein Welt-

Seite 6/7: Hollywood des Nordens: Die bunte Metropole Toronto ist als Kulisse bei Filmregisseuren sehr beliebt.

krieg wütete je auf kanadischem Boden, und so blieben die gewachsenen Siedlungsstrukturen, die alten Häuser erhalten. Die pittoresken, vor 300 Jahren entstandenen Bauernorte auf der Île d´Orleans in Québec sehen manchmal authentischer normannisch aus als Dörfer in der Normandie.

Kontraste eines Landes: ein Hockeyteam im Süden Ontarios, eine Inuitfrau in Labrador.

Den Reiz der urbanen Kultur - und Kanada ist verblüffend urban, 80 Prozent der Bevölkerung lebt heute in Städten - machen jedoch letztendlich die Menschen aus: Eine bunte Mixtur aus mehr als hundert Ländern und Kulturen der Erde. Auf Cape Breton Island treffen sich die Schotten zu Highland Games, in Montréal sieht man am Sabbat schwarz gelockte chassidische Juden zur Synagoge schreiten, das Caribana-Festival in Toronto stellt jeden karibischen Karneval in den Schatten und die Deutschen von Kitchener richten das größte Oktoberfest der Neuen Welt aus. Wie die USA ist Kanada seit 200 Jahren ein klassisches Einwandererland. Doch anders als beim Nachbarn im Süden greift hier nicht das Konzept des Schmelztiegels. Kanada will ein Mosaik der Kulturen sein, ein Vielvölkerstaat. Multikulturalismus heißt das Schlagwort.

Auch innerhalb Kanadas herrscht Bewegung. Aus den wirtschaftlich schwachen Provinzen am Atlantik ziehen alljährlich Tausende nach Ontario zur Jobsuche.

Es gibt keine Mehrheit, sondern nur Minderheiten. Nur etwa ein Drittel der Kanadier ist englischer Herkunft, ein weiteres Viertel stammt von den französischen Kolonisten des 17. und 18. Jahrhunderts ab. Hinzu kommen die späteren Immigranten, Iren, Polen und Ukrainer, Sikhs und Chinesen, Einwanderer aus Haiti und Nicaragua, Griechen, Libanesen, Portugiesen und Deutsche, jeder findet in Kanada seine Nische, seine neue Heimat. Man ist tolerant anderen Religionen und Denkweisen gegenüber, zwingt die Einwanderer nicht zur Assimilation. Raum ist genug da für jeden.

Kein Wunder, dass auch heute noch die Einwanderer ins Land drängen: Nach Umfragen zählt Kanada neben Neuseeland, Australien und Schweden zu den Ländern mit dem friedlichsten, freundlichsten Image weltweit. Zudem kann Kanada seinen Bürgern einiges bieten: Es ist eine hoch ent-

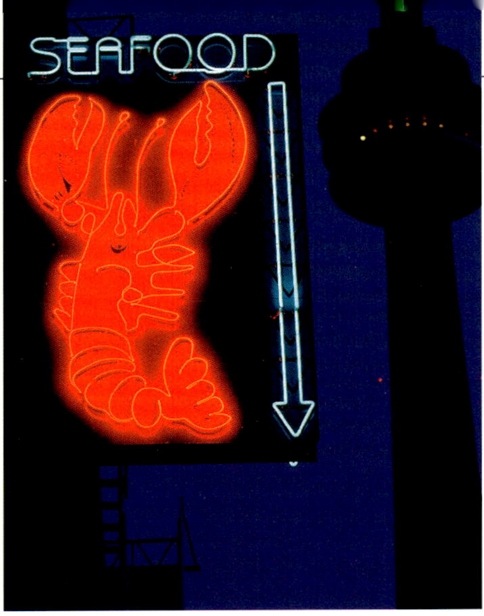

Frischer Fisch auch im Binnenland: Torontos Restaurants werden täglich per Flugzeug beliefert.

wickelte Industrienation mit ausgezeichnetem Lebensstandard und noch besserer Lebensqualität. Und sogar das Klischee vom kalten Nordland greift längst nicht überall - die südlichste Ecke Kanadas, die Halbinsel Point Pelee im Lake Ontario, liegt auf der Höhe von Rom, mit fast ebenso sonnigen, heißen Sommern. Wer hätte das gedacht?

Von Fischern und Pelzjägern.

»Man braucht nur einen Korb ins Wasser zu lassen und kann ihn voll mit Fisch wieder hochziehen,« schrieb schon 1497 der Entdecker John Cabot und begründete damit Kanadas Ruf als Land der immensen Naturschätze. Baskische, portugiesische und normannische Fischer folgten schon bald seinen Spuren zu den reichen Schelfbänken vor der Atlantikküste. Im 17. Jahrhundert dann drangen die Eroberer immer tiefer in den Wildniskontinent ein: Die Franzosen schufen am Sankt Lorenz ihr Nouvelle France, gründeten Städte wie Québec City und Montréal. Die Engländer kamen über die Hudson Bay im Norden und zogen von dort weiter in Richtung Rocky Mountains. Das von Indianern, steinzeitliche Jäger und Maispflanzer, nur dünn besiedelte Land erschien den weißen Pionieren als herrenlos, sie nahmen es sich nach dem Recht des Stärkeren. Die »heidnischen« Stämme Ostkanadas, Beothuk und Micmac in der Atlantikregion, Huronen und Irokesen im Gebiet um die Großen Seen, wurden von den Händlern zuerst als willige Handelspartner benutzt, von den nachfolgenden Siedlern dann schnell verdrängt und in Reservate abgeschoben.

Nach neuen archäologischen Funden jagten baskische Walfänger möglicherweise schon um 1480 an der Küste von Labrador - Jahre bevor Kolumbus zur »Entdeckung« Amerikas aufbrach.

Unter dem französischen Regime missionierten im 17. und 18. Jahrhundert vor allem Franziskaner und Jesuiten bei den Stämmen Ostkanadas.

Pelze, vor allem Biberfelle, waren es, die die Europäer suchten. Aus dem wolligen Unterpelz der bäumefällenden Nager wurde der Filz für Zylinder und Dreispitze hergestellt - ein hoch bezahlter Rohstoff, der Pelzhandelsgesellschaften wie die 1670 gegründete Hudson's Bay Company zu reichen Handelshäusern machte. Nach dem Sieg im Siebenjährigen Krieg übernahm England 1763 die französischen Kolonien Ostkanadas und herrschte nun über das ganze Land. Schottische und frankokanadische Pelzhändler schwärmten in das weite Hinterland aus, eroberten den Kontinent. Aus ihren Forts wurden später Metropolen wie Toronto oder Winnipeg, aus ihren Handelswegen Schifffahrtsrouten und Highways.

Das Wappen einer traditionsreichen Gesellschaft: HBC, Geburtshelferin Kanadas.

Das Pionierleben in der Wildnis wird im Museumsdorf »Sainte-Marie among the Hurons« in Ontario anschaulich nachgestellt.

Die ersten Entdecker und Siedler kamen schon vor gut 400 Jahren nach Kanada. Doch erst ab 1950 wurde das riesige Land endgültig kartographiert - vom Flugzeug aus.

Erst viel später jedoch, erst ab der zweiten Hälfte des 19. Jahrhunderts, wurde Kanada dichter besiedelt. In großen Einwandererwellen, von der Regierung sogar durch Werbekampagnen unterstützt, kamen Schweden und Ukrainer, Polen und Deutsche. Sie wurden Farmer und Bergleute, Holzfäller und Fischer, lebten von den reichen Ressourcen des riesigen Landes, die bis heute den Wohlstand Kanadas begründen. Zwar sind vor allem Ontario und Québec längst auch industrialisiert, doch die Ausbeutung der natürlichen Rohstoffe bringt Kanada auf den Weltmärkten die meisten Devisen ein - ein Raubbau, der auch in der eigenen Bevölkerung zunehmend kritisch gesehen wird und nicht mehr umkehrbare Umweltschäden anrichtet. Gewaltige Staudämme in Nordquébec setzen ganze Landstriche unter Wasser, um den Energiehunger Amerikas zu stillen, die einst so ergiebige Fischerei vor Neufundland muss mit drastischen Fangrückgängen leben.

Wildnis - auch heute noch.

Dennoch, trotz intensiver Erschließung in einigen Gebieten, ist der Osten Kanadas bis heute auf weite Strecken Wildnis geblieben. Nur etwa 20 Millionen Menschen leben in der gesamten Region - eine Bevölkerungsdichte von nur 4 Menschen je Quadratkilometer, in Mitteleuropa sind es 225. Hinzu kommt, dass 90 Prozent der Kanadier in den Städten und Farmregionen ganz im Süden des Landes leben, der riesige Norden der Provinzen und die Northwest Territories sind auch heute fast menschenleer. Noch ist Zeit, noch ist der Vorrat an unberührter Wildnis längst nicht aufgebraucht. Noch gibt es traumhafte Abenteuerregionen und Naturlandschaften, noch kann man auf den Spuren der Indianer und Pelzjäger über stille Seen paddeln, noch ist beim Flug nach Norden oft stundenlang kein Zeichen der Zivilisation in der weiten Urlandschaft der Tundra zu erkennen. Und noch passiert es oft genug, dass man keine Stunde Fahrt außerhalb von Toronto oder Montréal auf einem Wanderweg unvermutet einem Schwarzbären oder einem Elch gegenübersteht.

Meist geht es nicht um Trophäen: Der jährliche Elch bedeutet für viele Kanadier im Norden Fleischvorrat für den Winter.

Kanada wird zunehmend ein urbanes Land - heute lebt gut drei Viertel der Bevölkerung in Städten.

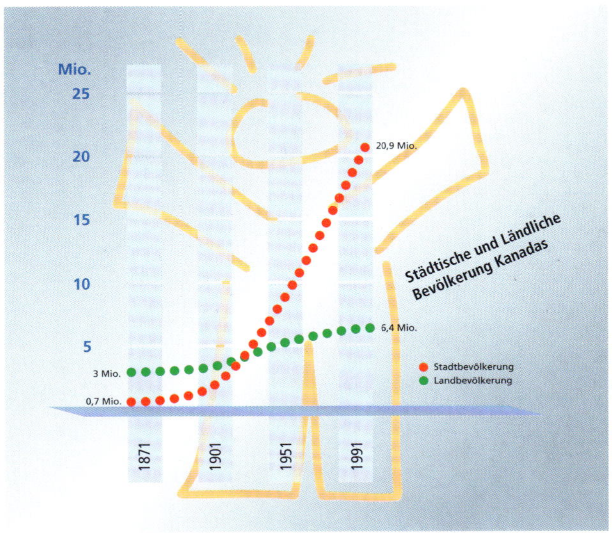

Samuel de Champlain, Kartograph und Entdecker: in heroischer Pose steht der Gründer Neufrankreichs am Fluss in Ottawa.

Bundeshauptstadt Ottawa: Institutionen wie die von einer spektakulären Glaskuppel gekrönte National Art Gallery (links), die Library of Parliament (unten) oder das Museum of Civilization (oben Mitte) bergen die Schätze der Nation.

Seite 12/13: Herbstlicher Farbenrausch: im Indian Summer erglühen die Ahorn- und Eichenwälder des Algonquin Park gegen Ende September in feurigen Rot- und Orangetönen.

Erinnerungen an Schottland: Land und Meer verzahnen sich in den Buchten bei Ingonish Harbour am Ostrand des Cape Breton Highlands National Park in Nova Scotia.

Romantik am Atlantik - felsige Buchten prägen die Panoramen entlang der zerrissenen Südküste von Nova Scotia, dazwischen immer wieder ein Leuchtturm.

Maritime Idylle herrscht in vielen der kleinen »Outports« am Atlantik, etwa in Fogo auf einer kleinen Insel vor der Nordostküste von Newfoundland.

Lebendige Traditionen auf Newfoundland: oft erklingen noch Sea-Shanties, im Sommer werden wie seit alters her Kabeljau und Tintenfische auf Holzgestellen getrocknet.

Wie seine Vorväter stellt der Inuit-Jäger Koasie Kooneeliusie im Pangnirtung-Fjord von Baffin Island Seehunden und Robben nach - die Jagd ist heute jedoch nur noch Zubrot.

NEUFUNDLAND – DER FELS DER FISCHER

COREY-N-CHERYL
4M2578
129153

Es gibt sogar einen Rest echtes Frankreich in Neufundland: Die beiden Inseln St. Pierre und Miquelon vor der Südküste sind bis heute französisches Hoheitsgebiet.

Leichtes Grau zieht von Osten her über dem Nachthimmel auf, darunter ein dunkles Meer. Nur einige Gischtkronen setzen Akzente in der bleiernen Weite. Doch dann reißt die Wolkendecke auf und die ersten Strahlen des neuen Tages gleiten rosig über grauen Granit und Heidesträucher: Sonnenaufgang in der Neuen Welt, am Cape Spear, dem östlichsten Punkt Kanadas. In Neufundland ist man Europa am nächsten, die Westküste Irlands liegt näher als Winnipeg in der Mitte Kanadas - was wieder einmal die gewaltige Ausdehnung dieses Landes unterstreicht. Seit langem schon ist Neufundland das Bindeglied zwischen den Welten: Hier entdeckte einst John Cabot (1497) das »New Founde Land« und damit Kanada für die Neuzeit. Vom Cabot Tower in St. John's aus empfing Guglielmo Marconi im Jahr 1901 die ersten Radiosignale aus Europa und schon 40 Jahre zuvor wurde von der Insel aus das erste Telegrafenkabel unter dem Atlantik nach Europa verlegt.

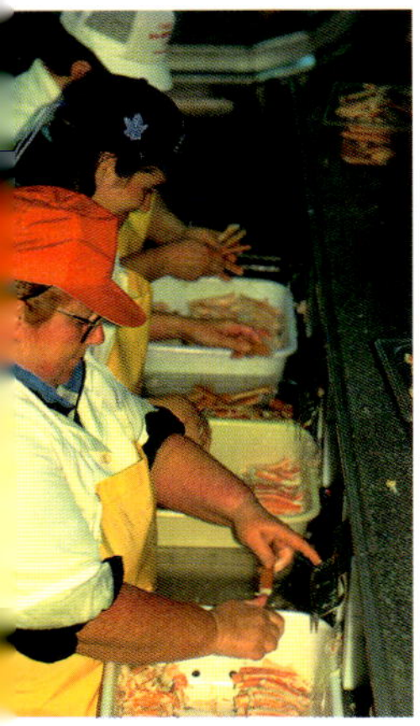

Wenn der Fang gut war, rollen die Bänder: Verarbeitung von Krebsen in Fogo.

Von Newfies und Ostfriesen.

»The Rock« nennen die 550 000 Neufundländer ihre Inselheimat kurz und treffend. Es ist ein wildes, karges, bis heute nur an den Rändern erschlossenes Land. Ackerbau ist kaum möglich, und so sind sie Fischer geworden. Seit mehr als vier Jahrhunderten bestimmt der Fang von Kabeljau und Schellfisch das Leben der Menschen in den kleinen Hafenorten entlang der zerklüfteten Küsten. Ziel der Trawler, Longliner und anderen Fangboote sind die Grand Banks, jene legendären Fischgründe auf dem Festlandschelf südlich der Insel. Doch wie seit alters her wird der Löwenanteil der Beute von den Fangflotten aus Spanien, Russland und sogar Korea eingeholt - in jüngster Zeit der Anlass für regelrechte Fischereikriege, wie etwa 1995 zwischen der EU und Kanada. Den einheimischen Fischern bleibt das Nachsehen und Neufundland die ärmste Region Kanadas. Die Arbeitslosenquote liegt bei 20 Prozent, außerhalb der immer kürzer werdenden Fischsaison in manchen Hafenorten sogar bei 90 Prozent - und in Neufundland gibt es fast nur Hafenorte.

Seite 22/23: Tradition mit Problemen: Die Fischerei im Nordatlantik ist vom Niedergang bedroht.

Am wirtschaftlichen Notstand können auch die wilden Naturschönheiten der Insel wenig ändern, die grünen Hügel und blauen Buchten des Terra Nova National Park, die von Vogelkolonien gekrönten Steilklippen der Südküste oder die uralten, von Gletschern zerschrammten Berge des Westens. Für den Massentouris-

Auf den Felsen von Cape St. Mary's nisten im Sommer Zigtausende von Tölpeln, Surmvögeln und Möwen.

Kunsthandwerk an langen, dunklen Wintertagen: George Flowers fertigt kleine Holzfiguren in Hopedale, Labrador.

mus liegt Neufundland zu abseits. Doch die wenigen Gäste werden um so herzlicher empfangen. Bezeichnenderweise heißen die vielen B&B-Inns hier »Hospitality Homes« - treffend für die überwältigende Gastfreundschaft der Insulaner. Ohnehin sind die »Newfies« (so werden sie von ihren Landsleuten genannt) ein ganz eigenes Völkchen: bodenständig, ihrer kargen Heimat oft seit Generationen verhaftet, oft schrullig und weltfern, manchmal auch etwas rückständig. In manchen der Outports, der völlig abgeschiedenen, nur per Boot erreichbaren Häfen, wird gar noch altes Englisch wie zu Zeiten Shakespeares gesprochen. So sind die Newfies für die Kanadier, was für uns die Ostfriesen sind, ein Thema für Witze. Das Bonmot »Der Weltuntergang findet heute um Mitternacht statt - in Neufundland um 0.30 Uhr« jedoch liegt nicht ganz falsch. In Neufundland gehen die Uhren wirklich anders. Es hat seine eigene Zeitzone: eine halbe Stunde später als die Atlantikprovinzen.

Das Land des Kain.

Ist Neufundland schon wild und einsam, so werden diese Eigenschaften von Labrador noch mühelos übertroffen. Das politische Festlandsanhängsel der Inselprovinz erstreckt sich jenseits der Strait of Belle Isle entlang der spektakulär zerklüfteten Küste bis zum 60. Breitengrad. An sich entspricht dies nur der Nord-Süd-Ausdehnung von Großbritannien, doch der eisige Labrador-Strom sorgt für arktische Verhältnisse. Eine Urweltlandschaft von gewaltigen Dimensionen, das Reich von Karibus und Eisbären. »Nur wilde Tier können hier leben, dies muss das Land sein, das Gott dem Kain gab«, schrieb Jacques Cartier, der hier 1534 entlang der Südküste segelte. Lange blieb Labrador vergessen, nur Missionare der Herrenhuter Brüder aus Böhmen gründeten ab 1770 erste Siedlungen und suchten die Inuit so gut wie möglich vor dem oft verheerenden Kontakt mit den weißen Walfängern zu bewahren. Doch noch 1918 löschte die spanische Grippe ganze Missionsdörfer aus. Erst in jüngster Zeit hat die Moderne Einzug gehalten in einigen Regionen Labradors - mit Erzabbau, gewaltigen Staudämmen und Tiefflugrevieren für Natobomber.

Fast wie im zivilisierten Süden: eine Schule in Hopedale, Labrador.

Das Tor zur Neuen Welt: Seit fast 500 Jahren passieren Schiffe die Hafeneinfahrt von St. John's - früher Entdecker und Fischer, heute Containerfrachter und manchmal sogar Kreuzfahrtschiffe.

Black Tickle, Labrador - ein Dorf mit ungewisser Zukunft. Seit 1991 bleiben die einstmals riesigen Kabeljauschwärme aus, die Fischindustrie ist am Ende. Die Einwohner von Black Tickle sind arbeitslos. Sie vertreiben sich die Zeit mit Feuerholz sägen - und mit Gedanken ans Wegziehen.

Nur noch alte Bootsschuppen künden in Battle Harbour, Labrador von der langen Geschichte des Fischerortes. Die alten Gebäude werden heute als Museumsdorf restauriert.

Wie Battle Harbour blickt auch das benachbarte St. Mary's auf eine lange Fischertradition zurück. Schon im 16. Jahrhundert angelten hier vor der Küste Portugiesen und Basken.

Wie in der guten alten Zeit: Twillinggate und die Örtchen von Fogo Island im Inselgewirr an der Nordostküste zählen zu den ältesten Zentren der Fischerei Neufundlands. Gefangen werden heute vor allem Krebse und Tintenfische.

Seite 34/35: Leben im Abseits: nur im Sommer sind Orte wie St. Mary's an der Ostküste Labradors durch Fähren mit der Außenwelt verbunden.

Trotz langer Geschichte und großer Tradition als Seehafen ist St. John's, die Hauptstadt Neufundlands, eine liebenswerte Kleinstadt mit gerade mal 80 000 Einwohnern geblieben.

RAUE WELT AM ATLANTIK

Als Wappentier der Atlantikprovinzen müsste man wahrscheinlich den Hummer wählen. Die zwar nicht besonders ansehnlichen, aber höchst schmackhaften Krustentiere zählen in Nova Scotia, New Brunswick und der Inselprovinz Prince Edward Island schon fast als Grundnahrungsmittel. Überall in den Hafenstädtchen stapeln sich die aus großmaschigem Draht gefertigten Hummerfallen, in jeder Küche steht ein mächtiger Eisentopf für den Hummerschmaus. Sogar die Hamburgerbuden hierzulande verkaufen nicht nur Burger, sondern auch »Lobster-Rolls«: Zartes Hummerfleisch kommt in ein aufgeklapptes Brötchen, Ketchup oder pikante Soße darüber, fertig ist das Pausenbrot. Und bei einer sommerlichen Rundfahrt durch die Maritimes - so werden die drei Provinzen meist genannt - stößt man garantiert in jedem zweiten Ort auf ein »Lobster Festival«, bei dem mit Parade, Fiddlemusik und Bergen von krebsrot gekochten Hummern gefeiert wird. Muße dafür haben die feierfreudigen Maritimers reichlich, denn die Zeit tropft langsam dahin in den hübsch gepflegten Kleinstädten.

North Rustico, Prince Edward Island: Hummerfallen überall. Kaum ein Küstenort in den Atlantikprovinzen, wo nicht Berge von Drahtkörben an den Docks liegen.

Manche Fischer haben sich auf Aquakultur verlegt: Eine Lachsfarm bei Digby in Nova Scotia.

Tischleindeckdich aus dem Meer.

Der kalte Nordatlantik sorgte schon in den Gründertagen des 17. und 18. Jahrhunderts für einen gedeckten Tisch. Damals pochte in den Maritimes das wirtschaftliche Herz Kanadas. Handel und Schiffsbau florierten, Orte wie Saint John, Lunenburg und Halifax waren stolze, reiche Hafenstädte an den so wichtigen Schiffsrouten nach Europa. Während der letzten hundert Jahre jedoch zog der Wirtschaftsboom westwärts, im Zeitalter der Düsenjets wurden die Provinzen am Atlantik zu armen Schwestern im Hause Kanada. Sogar der traditionsreiche Fischfang liegt heute danieder, die Überfischung der einst so reichen Schelfbänke vor den Küsten - durch die Kanadier selbst wie auch durch internationale Fangflotten - brachte viele Fischer um ihre Jobs. Nur der Hummerfang blieb lukrativ wie seit alters her.

Seite 38/39: Wild und schön: die vom Meer geformte Felsküste bei Peggy's Cove, Nova Scotia.

Beliebtes Urlaubsziel der badefreudigen Kanadier: Cavendish Beach an der Ostküste von Prince Edward Island.

Schottland lässt grüßen: Bei der Parade in Middle River, Cape Breton Island, gehört natürlich eine Highland-Band dazu.

Geblieben ist auch die herbe Schönheit des Landes am Meer. Stille Wattlandschaften, feine Sandstrände und felsumrahmte Buchten entlang der Küsten, einsame, wilde Lachsflüsse und dichte Wälder im bis heute weitgehend unbesiedelten Landesinneren - Szenerien, die vielerorts wie in Schottland oder in der schwedischen Schärenlandschaft anmuten. Ein Schatzkästlein der Natur, das der moderne Tourismus erst langsam entdeckt. Lange hat das raue Image der Maritimes die Besucher verschreckt. Zu Unrecht, denn die Sommer sind warm und sonnig. Erst im Winter zeigt der Atlantik, was in ihm steckt. Dann schlagen die Sturmwogen auf die Felsküste ein und eisige Blizzards aus dem Norden fegen über die geduckten Bergketten. Kaum zu glauben, dass man wenige Monate später, im Hochsommer, an den Stränden von Prince Edward Island wunderbar in den Wellen planschen kann.

Mit Dudelsack und Kilt.

Ganz im Osten der Maritimes, auf Cape Breton Island, steigt das Land in mächtigen Tafelbergen aus dem Meer. Hochmoore, Steilklippen und umbrandete Küsten säumen die Panoramastraße des Cabot Trail, der in dramatischem Auf und Ab die Nordspitze der Insel umrundet. Dies ist Nova Scotia, »Neuschottland«, und tatsächlich wurde die Region vor gut 200 Jahren vorwiegend von Highland-Schotten kolonisiert, die sich hier wohl wie zu Hause vorkamen. Noch heute gehört zu jedem Anlass, zu jeder Parade ein Dudelsackpfeifer, das gälische Erbe wird sogar in einem eigenen College gepflegt. Bekanntester Schotte der Insel war Alexander Graham Bell, der Erfinder des Telefons. Dafür wurde Bell berühmt, doch der Universalwissenschaftler schuf noch viel mehr: Er erfand die Eiserne Lunge, arbeitete an der Entsalzung von Meerwasser, therapierte Gehörlose, experimentierte mit Hochgeschwindigkeitsbooten und Flugzeugen. In Baddeck, einem idyllischen Sommerkurort am Bras d'Or Lake, wo Bell 30 Jahre lang lebte und forschte, wird sein Erbe heute in einem faszinierenden Museum erhalten.

Unbestritten die schönste Panoramastraße am Atlantik ist der Cabot Trail auf Cape Breton Island.

Cape Breton Island ist der raueste, urigste Teil der Maritimes - was aber nicht bedeutet, dass in den übrigen Landesteilen je irgendwo Großstadthektik aufkommt. Kleine Hafenstädte an den Küsten, Farmen und Obstplantagen in den geschützten Tälern und sanfte, bewaldete Hügelketten bestimmen das Bild. Echtes Stadtleben findet man nur in den wenigen

Die Stadtuhr in Halifax - ein Geschenk des englischen Prinzen Edward aus dem Jahre 1796.

größten Orten wie Saint John, Fredericton oder Halifax. Doch selbst in Halifax - mit gut 300 000 Einwohnern, fünf Universitäten und einem großen, ganzjährig eisfreien Hafen die Metropole der Atlantikprovinzen - hält sich der Großstadtrummel sehr in Grenzen.

Postkartenmotive ohne Ende.

Die stark zergliederte, oft von Granitfelsen gesäumte Südküste von Nova Scotia ist traditionell das Reich der Fischer und Bootsbauer. Schmucke, weiß bemalte Häuschen klammern sich an die Ufer, Leuchttürme krönen die weit in den Atlantik vorspringenden Kaps, alte hölzerne Werften und Piers säumen die zahllosen Buchten. Geschichten von Rumschmugglern, Freibeutern und vergrabenen Schätzen umranken die pittoresken Örtchen. Das Kleinod des Küstenstrichs ist unbestritten Lunenburg, dessen gut erhaltene Altstadt von der Unesco jüngst zum Weltkulturerbe erklärt wurde. Um 1750 holte der englische König protestantische Siedler aus der Schweiz und dem Rheinland, um diese Region zu besiedeln. Die »Lunenburg Dutch«, ursprünglich Bauern und Händler, verlegten sich bald auf den Fischfang und den Schiffsbau. In den alten Werften der Stadt entstehen nach wie vor Jachten und Boote in alter Bautechnik. Die Nachfahren der Siedler vergaßen aber auch ihr deutsches Erbe nicht - bis heute gibt es fünf Sauerkrautfabriken im Ort.

Fels und Meer sind die dramaturgischen Elemente der Panoramen an der Südküste von Nova Scotia.

250 Jahre nach der ersten Siedlerwelle aus Germany kommt Nova Scotia wieder in Mode: In den letzten Jahren haben sich viele Deutsche hier Ferienhäuser gekauft.

Der Norden Neuschottlands gibt sich lieblicher, weniger maritim. Apfelplantagen und Gemüsefelder umrahmen die Orte im fruchtbaren Annapolis Valley, das als eine der ersten Regionen Kanadas von Weißen besiedelt wurde. Im Reich der Micmac-Indianer gründete Samuel de Champlain 1604 das Fort Port Royal und verbrachte hier seinen ersten Winter in der Neuen Welt - ein harter Winter muss es gewesen sein, denn 36 seiner 80 Leute erlebten das Frühjahr nicht. Auch die nachfolgenden Siedler, französische Akadier, blieben glücklos: Als Nova Scotia in britische Hand wechselte, vertrieben die neuen Herren um 1750 mit harter Hand die Akadier - Henry Longfellow hat die tragische Geschichte dieses Volkes in seinem Epos »Evangeline« verewigt. Doch nicht alle Akadier ließen sich verschleppen, manche flohen in die Wälder, zogen sich in einsamere Regionen zurück. So gibt es heute überall

Die Fischer von Alma, New Brunswick können nur bei Flut in See stechen - bei Ebbe sitzen ihre Boote im Trockenen.

in den Maritimes kleine altfranzösische Enklaven. Wichtigstes akadisches Siedlungsgebiet wurde die Nordostküste von New Brunswick, die Acadian Shore.

Das waldreiche New Brunswick, die größte der Atlantikprovinzen, ist bis heute nur dünn besiedelt. Nur entlang der Küsten und im Tal des breiten Saint John River hat die Zivilisation wirklich Fuß gefasst. So kann New Brunswick mit viel Natur aufwarten. Mit Natur der Superlative sogar: In der Bay of Fundy erreichen Ebbe und Flut Weltrekorde.

Die Trichterform der gut 200 Kilometer langen Bucht und der Lauf der Gezeitenwoge um den Globus schaukeln sich hier zu den größten Gezeiten der Welt auf: 10 Meter sind die Norm, doch es wurden schon bis zu 16 Meter gemessen. Bei Ebbe fallen weite Gebiete des Meeresbodens trocken - Wattwanderer müssen sich allerdings vorsehen, denn die Flut rollt mit Radfahrertempo herbei und lässt gefährliche Strudel entstehen.

Die Kraft der Gezeiten

kehrt sogar den Lauf der Flüsse um, bis zu einem Meter hohe Flutwellen können entstehen. Zahmer zeigt sich das Meer an der Ostküste der Provinz, große Dünengebiete und lange Strände ziehen sich dort entlang der Northumberland Strait hin.

Der Stolz von Prince Edward Island: Kanadas beste Kartoffeln.

Jenseits der Meeresstraße liegt Prince Edward Island, mit nur 5600 Quadratkilometern Fläche die kleinste Provinz Kanadas. »Zwei Strände und ein Kartoffelfeld dazwischen«, so wird das Eiland gern beschrieben. Da ist Wahres daran, denn auf der roten Erde von Prince Edward Island gedeihen Kartoffeln ganz besonders gut. So entstand über die Jahre eine friedliche, heile Bauernwelt auf der Insel, die kleinen Dörfer sehen aus wie Puppenstuben. Seit neuestem ist die Provinz zwar durch eine gewaltige, 13 Kilometer lange Brücke mit dem Festland verbunden, doch dass nun deshalb alles anders wird, ist nicht zu befürchten. In den Maritimes ändert sich nichts sehr schnell.

Hochburg der Bootsbauer in Nova Scotia ist Lunenburg. Die Altstadt, von der Unesco unter Denkmalschutz gestellt, sieht exakt aus wie vor 100 Jahren. Nur Stromdrähte und Autos stammen aus der Neuzeit.

KAULBACK BLOCK
E SHOP
ABOUT
USED
THING

Louisbourg: Geschichte als Rollenspiel

Um den derben Holztisch in der Taverne der Witwe Grandchamp sitzen Seeleute und französische Soldaten. Das erhitzte Gespräch dreht sich um die englischen Spione, die in der Umgebung der Stadt gesehen wurden. Eine nicht zu unterschätzende Gefahr.

Historischer Alltag in Louisbourg: Jeden Morgen bringen die Straßenverkäufer den »Hausfrauen« frisches Brot.

Draußen, vor dem kleine Häuschen am Hafen, wabert der Nebel wie so oft an dieser stürmischen, kalten Küste. Ein kleiner Trupp exerzierender Soldaten in buntem Wams marschiert die schmale Gasse von der königlichen Bastion herab. Vorneweg ein Trommler, der begleitende Offizier bellt mit heiserer Stimme Befehle. Eine Szene aus einer anderen Ära: Der Ort ist Louisbourg auf Cape Breton Island, das Jahr 1744. Wie in einer Zeitmaschine tritt man als moderner Besucher durch das mächtige steinerne Tor der Festung und findet sich urplötzlich im 18. Jahrhundert wieder. In jener Zeit, als Frankreich über den Osten Kanadas herrschte und die Engländer begannen, begehrliche Blicke auf die fisch- und pelzreiche Region zu werfen.

Die stolze Forteresse de Louisbourg - Bauzeit 40 Jahre! - war damals das Gibraltar der Neuen Welt, Frankreichs wichtigster Militärstützpunkt in Kanada. Von Louisbourg wurde getrockneter Kabeljau nach Frankreich und in die Karibik verschifft. Von hier zogen Entdecker, Pelzhändler und Siedler weiter ins Binnenland.

Doch die Tage Frankreichs als Kolonialmacht in Kanada waren gezählt. Englische Flotten rückten zu großen Belagerungen an, 1745 und 1758 - beide Male fiel

die Festung, wurde am Ende sogar von den siegreichen Briten geschleift. Nichts außer ein paar Erdwällen erinnerte mehr an Louisbourg. Seit 1961 jedoch weht das Lilienbanner erneut über der Feste: Für 30 Millionen Dollar rekonstruierte die kanadische Parkverwaltung einen Teil der Stadt, wie sie im Jahr 1744 aussah - originalgetreu bis ins kleinste Detail. Dazu wurde ein ›living history program‹ ge-

Im Hafen der Festungsstadt herrscht reges Treiben wie einst - »Kabeljaufischer« fahren hinaus, die »Soldaten des Königs« lassen ein neues Boot zu Wasser.

Jedes Detail stimmt: Im Bootshaus werden per Hand die Fangnetze gefertigt, in der authentisch ausgestatteten Küche wird nach alten Rezepten das Essen bereitet.

schaffen: Studenten und Bewohner der umliegenden Dörfer spielen Geschichte. Als Soldaten und Seeleute, Händler, Dienstboten und Fischer leben sie den Sommer über in der Stadt, arbeiten wie damals, tragen die Kleidung

Zeit zur Erholung: Bei altfranzösischen Klängen führen die »Pioniersiedler« Volkstänze aus der Heimat der ehemaligen Kolonisten vor.

von damals, erzählen die Geschichten von damals.

Für den Besucher eine Reise in eine vergangene Zeit: Keine angestaubten Vitrinen zeigen hier die Geschichte, man ›erlebt‹ sie. Man begleitet die Soldaten zum Exerzierplatz, sieht den Bootsbauern in der Werkstatt zu, hört den neuesten Klatsch des Jahres 1744 bei der Witwe Beauchamp - und erfährt, ob letzthin englische Spione gesehen wurden.

MUSEUMSDÖRFER

Authentisch restaurierte, von kostümierten Siedlern und Trappern ›bewohnte‹ Museumsdörfer wie Fort Louisbourg gibt es überall in Kanada. Jede Ära in der Geschichte des Landes wird in einer typischen Siedlung bewahrt - wichtige Fixpunkte in der Suche des jungen Vielvölkerstaates nach einer Identität. Louisbourg veranschaulicht das Leben in einem Militärposten der französischen Kolonien, ›Fort Henry‹ bei Kingston das in einer britischen Garnison. ›King's Landing‹ und das ›Village Acadien‹ in New Brunswick sowie ›Upper Canada Village‹ in Ontario zeigen das Siedlerleben zu Anfang des 19. Jahrhunderts. Das Museumsdorf ›Sainte-Marie among the Hurons‹ bei Midland schildert die Tage der jesuitischen Missionare im Lande der Huronen-Indianer. Und in Fort William am Lake Superior erlebt man den rauen Alltag der Pelzhändler mit, sieht wie Bannock-Brot gebacken wird, wie Pelze getrocknet und Birkenrindenkanus hergestellt werden. Eindringlicher und lebendiger ist Geschichte nicht zu vermitteln.

Boote dümpeln im dunklen Wasser, bunte Häuschen krallen sich am felsigen Ufer fest - Peggy's Cove, ein beliebtes Ausflugsziel von Halifax, ist der Inbegriff eines wildromantischen Fischerdorfes.

WORLD CHAMPS
19 93
Toronto Blue Jays

Zu bereden gibt es viel unter den Fischern von Cape Breton Island, das oft stürmische Wetter, die immer teurer werdenden Boote - und den stetig rückläufigen Fang.

Seite 52/53: Steilklippen, Watt, Wasser und Wolken: die Südküste von New Brunswick im Fundy National Park.

Nirgendwo sonst auf der Welt wird die Urgewalt der Gezeiten so deutlich wie in der Bay of Fundy: Bis zu 15 Meter macht der Tidenhub aus. Von den »Flower Pot Rocks« (unten:) bei Cape Hopewell sehen bei Flut nur noch die grünen Spitzen aus dem Wasser - bei Ebbe liegt die ganze Küste frei.

Sattes Farmland, reiches Meer: die idyllische, mit mildem Klima gesegnete Inselprovinz Prince Edward Island lebt gut von Hummerfang und Landwirtschaft.

150767

QUÉBEC – IM REICH DER VOYAGEURS

So wurde Kanada einst erschlossen:
Die Voyageurs drangen mit ihren Lastkanus bis zu den Rocky Mountains vor.

Vom Cap Diamant hoch über der Altstadt von Québec City schweift der Blick weit über das Land. Im Vordergrund die breiten Wälle und Bastionen der Zitadelle, unten am Fuß der Steilklippe die winkeligen Gassen und Gemäuer des alten Hafens, in der dunstigen Ferne die grünen Hügel der Appalachen. Beherrschendes Element des Panoramas aber ist das stahlgraue Band des Flusses, des Sankt Lorenz. Rund 800 Meter breit ist er hier, ein majestätischer Strom, der wie kein anderer Fluss Topographie und Wirtschaft Ostkanadas bestimmt. Ruhig und mächtig strömt der Sankt Lorenz aus den Großen Seen 1200 Kilometer ostwärts zum Atlantik. Den überwiegenden Teil davon durch Québec, der größten Provinz Kanadas, der ältesten - und der eigenwilligsten. Kleine, jahrhundertealte Farmdörfer stehen an den Ufern des Flusses und moderne Metropolen; 90 Prozent der gut sieben Millionen Québecer leben im Tal des Sankt Lorenz. Er ist der Nervenstrang der Provinz, eine Lebensader für Wirtschaft und Verkehr. Auf dem Strom stampfen die großen Containerschiffe bis Montréal, und über die Kanäle und Schleusen des St. Lawrence Seaway können die Frachter sogar noch weiter auf die Großen Seen vordringen, 3000 Kilometer weit bis nach Thunder Bay am Lake Superior tief im Herzen des Kontinents.

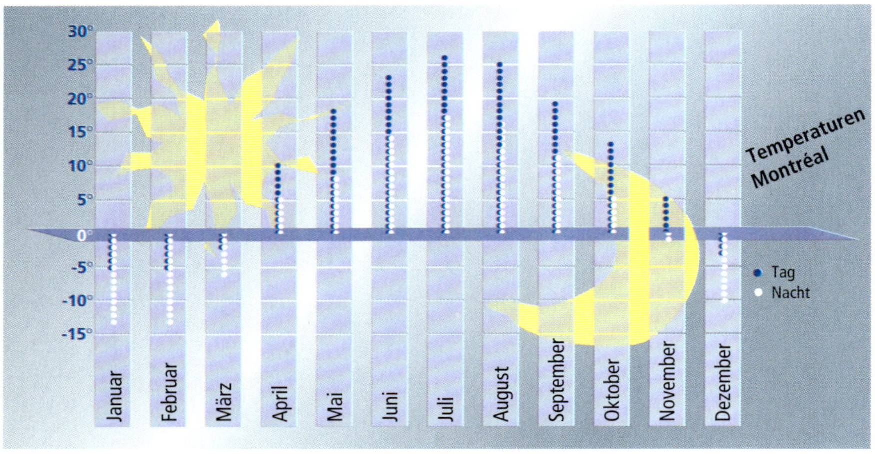

Der Winter ist lang und kalt am Sankt Lorenz, der Sommer dafür um so heißer.

Schon früh wurde der Sankt Lorenz zum Einfallstor der Entdecker. Jacques Cartier drang 1535 als erster Weißer auf dem Sankt Lorenz in das Reich der Irokesen und Huronen vor. Bis zum heutigen Montréal kam er und benannte die großen Stromschnellen, die hier sein Schiff aufhielten, »la Chine«, denn gleich dahinter musste China beginnen, da war er sich sicher. Im 17. Jahrhundert begannen die Franzosen ernsthaft mit der Kolonisierung des Landes: Samuel de Champlain gründete Québec City, Sieur de Maisonneuve die heutige

Seite 58/59:
Reviere der Paddler: die Seen und Bäche der Laurentischen Berge.

Millionenstadt Montréal. Schon bald schlängelte sich am Nordufer des Stromes die erste Straße Kanadas entlang, der »Chemin du Roi«, der Königsweg. Noch heute sind in Dörfern wie Deschambault oder Beauport die oft bretonisch oder normannisch anmutenden Häuser der frühen Kolonisten erhalten und die langen, schmalen Grundstücke der von den Adeligen verpachteten »Seigneurien«, die immer an den Fluss grenzten. Nur etwa 10 000 Siedler kamen während der französischen Kolonialperiode nach Québec, doch sie waren fruchtbar: Allein 180 000 Québecer (jeder 50.!) heißen heute mit Nachnamen Tremblay, der häufigste Familienname in Kanada.

Nur etwa 10 000 Siedler kamen während der französischen Kolonialzeit ins Land - die Ahnen der heute rund sieben Millionen Québecer.

Das Tal des Sankt Lorenz wurde zur Enklave der europäischen Zivilisation. In Québec City, der Hauptstadt, regierte der königliche Gouverneur mit Pomp, Montréal wurde zur Handelszentrale für das riesige pelzreiche Hinterland. Die »Coureurs du bois«, die Waldläufer, erkundeten neue Pelzregionen und drangen bis zu den fernen Rocky Mountains vor; die »Voyageurs«, die legendären frankokanadischen Paddler, schafften die Felle in oft monatelangen Fahrten aus der Wildnis nach Montréal. Ihre Transportmittel: die nach indianischem Vorbild gebauten Kanus aus Birkenrinde. Ihre Verkehrswege: das Netz der Seen und Seitenflüsse des Sankt Lorenz -

der Strom der Geschichte schrieb.

Lebensader Ostkanadas: Im Unterlauf wird der Sankt Lorenz zum gut 50 Kilometer breiten Meeresarm.

Dann kam das Jahr 1759 und mit ihm der Siebenjährige Krieg. Zwei Monate lang belagerten die Engländer Québec City. Am Cap Diamant, auf den Wiesen der »Plaines du Abraham« vor den Stadtmauern, entschied sich schließlich das Schicksal Frankokanadas: Nur 20 Minuten dauerte die Schlacht, dann war Québec besiegt. Kanada wurde britisch. Fast 250 Jahre sind seither vergangen, doch die Québecer haben ihre Herkunft und ihr französisches Erbe nicht vergessen. Mehr denn je kämpften sie in den letzten 40 Jahren um ihre Sprache und Kultur. Der Wahlspruch der frankokanadischen Nationalisten »Je me souviens«, ich erinnere mich, gilt mehr denn je - und steht heute sogar als melancholisches Motto auf allen Autoschildern Québecs.

Schick, schick: die Boutiquen an der Rue Sherbrooke.

Wahrzeichen der Altstadt von Québec City - das Schlosshotel Château Frontenac.

Montréal, die Metropole Frankokanadas, kann nicht mit der grandiosen Lage Vancouvers konkurrieren und es hat nicht die dramatische Skyline von Toronto. Doch die Stadt atmet pralle Lebensfreude wie keine andere in Kanada. **Das gallische Temperament ist unverkennbar.** Im Mai, nach dem langen Winter, zieht es die Menschen ins Freie, sie diskutieren in Bistros, flanieren vorüber an den Straßencafés und Boutiquen am Place Jacques-Cartier in der Altstadt, an der Rue Ste.-Catherine oder der Rue St.-Denis im Studentenviertel, das im Ambiente dem Pariser Quartier latin schon recht nahe kommt. Sogar abends drängeln sich - ganz untypisch für eine nordamerikanische Metropole - in der Innenstadt die Menschen.

Der Ostteil der auf einer großen Insel im Sankt Lorenz gelegenen Stadt gehört vor allem den Franzosen, der feinere Westen ist traditionell das Siedlungsgebiet der Anglos. Zwei Welten, zwei Kulturen, die sich ständig streiten, sich aber ständig auch befruchten. Dazwischen liegt, nicht zu vergessen, das kunterbunte Mosaik der Einwandererviertel. Entlang des Boulevard St.-Laurent, der großen Ost-West-Achse, reihen sich portugiesische Märkte, ukrainische Metzgereien, vietnamesische und griechische Restaurants und jüdische Delikatessenläden, die Montréals berühmte »Smoked Meat Sandwiches« verkaufen. Fast drei Jahrhunderte war Montréal die heimliche Hauptstadt Kanadas, erst in den 70er Jahren musste es seine Vormachtstellung an Toronto abtreten. Zahlreiche Firmen und rund 200.000 Anglos verließen damals, als die Nationalisten mit der Unabhängigkeit Québecs drohten, die Stadt, wanderten ab nach Ontario oder noch weiter nach Westen. Mittlerweile ist die Talsohle durchschritten, Montréal wächst wieder und gewinnt auch Wirtschaftsmacht zurück. Der französische Esprit ist ungebrochen. Man zeigt sich modebewusst, feiert multikulturelle Straßenfeste, zelebriert französische Cuisine und blickt hoffnungsvoll in die Zukunft.

Charakteristisch für die Wohnviertel Montréals: unzählige Balkone und gusseiserne Geländer.

Anders dagegen Québec City etwas stromabwärts am Sankt Lorenz. Die Provinzhauptstadt Québecs und älteste Stadt Ostkandas lebt von und in der Vergangenheit. Dicke Stadtmauern und verwinkelte Gassen mit Kopfsteinpflaster, alte Türme und Kathedralen - eine spätmittelalterliche Altstadt, wie man sie in Europa nicht schöner finden könnte, ein Rothenburg

Kanadas. Was vor allem den unzähligen amerikanischen Touristen gefällt - und ihnen eine Reise nach Europa erspart. Mehr noch als Montréal ist Québec City ein Kind der alten Mutter Frankreich. Die Restaurants der Stadt servieren Crêpes, wie sie in Frankreich nicht besser sein könnten, in den kleinen Theatern singen die Chansonniers von Liebe und Leid - und hinter den Toren des prächtigen, wie ein Loire-Schloss anmutenden Parlaments werden immer neue Separationspläne geschmiedet.

Süßer Saft aus den Wäldern

Draußen, im weiten Hinterland der Provinz, bildet der Sankt Lorenz noch heute die große Trennlinie zwischen Zivilisation und Wildnis. Das Südufer des Stroms ist altes Kulturland. Fischerdörfer säumen die weit in den Atlantik ragende Gaspé-Halbinsel, die ganz im Osten in dramatischen Steilklippen ins Meer abbricht. Weiter im Binnenland, in der nur ganz sanft hügeligen Region vor der amerikanischen Grenze, stehen kleine Bauerndörfer mit großen - natürlich katholischen - Kirchen. Ringsum sattgrüne Felder. Im Sommer wird hier Gemüse, Mais und sogar Wein angebaut. Bekannt aber ist die Region für ein Produkt des Winters: Im März, wenn die Sonne wieder kräftiger scheint, schießt der Saft in die Stämme der Ahornbäume. Dann wird, wie es einst die frühen Siedler von den Indianern lernten, die Rinde angezapft und der wasserklare Saft zu würzigem Ahornsirup eingekocht.

Cree-Indianer und Inuit leben seit Urzeiten im Norden Québecs. Erst seit die Industrie an ihrem Land Interesse zeigt, werden ihre Landrechte in Verträgen geregelt.

Nördlich des großen Stromes liegt das wilde Québec - immerhin vier Fünftel der Landfläche der Provinz. Nur der Ufersaum und einige wenige Seitentäler sind hier noch besiedelt und nur Naturschutzgebiete wie der Parc de la Mauricie, ein beliebtes Revier für Kanufahrer, oder die Skigebiete in den Laurentischen Bergen sind noch zugänglich. Fährt man weiter nordwärts, so enden die Straßen bald im grünen Nichts. Dies ist das Land des Kanadischen Schildes, jener Urlandschaft aus Granitfelsen, endlosen Wäldern und ungezählten Seen, die sich bis zur Hudson Bay und Ungava Bay im hohen Norden hinziehen. Die fast menschenleere Region ist die - leider oft rücksichtslos ausgebeutete - Schatztruhe Québecs: Die Holzfäller rücken der Wildnis mit schwerem Gerät zu Leibe, Bergbauer schürfen im Untergrund, die Energietechniker setzen wie im umstrittenen James Bay Project ganze Landstriche für ihre Staudämme unter Wasser. 10.000 Megawatt werden schon heute produziert, noch einmal das Doppelte an Kapazität ist geplant. Noch gibt es reichlich Wildnis, doch man wird umdenken müssen für die Zukunft.

Zellulose für Zeitungen in aller Welt: Fast 900 000 Kanadier arbeiten in der Holzindustrie.

Moderne Kunst: wimmelndes Stadtgetümmel, verewigt in Raymond Masons Skulptur »La Foule Illuminée« vor der Banque Nationale de Paris im Geschäftsviertel Montréals.

Seite 64/65: Montréal, Metropole mit französischem Esprit: die Aussichtsplattform auf dem Mont Royal, dem Namensgeber der Stadt, überblickt die modernen Bürotürme der Innenstadt.

Historische Kunst: Stadtgründer Sieur de Maisonneuve vor den neugotischen Türmen der Basilique Notre-Dame in der Altstadt Montréals.

pas de sucre
entier .45 /ch. ea.
wheat
no sugar)
Cannelle Raisin .45

Jeder nach seiner Façon: um die Avenue St.-Viateur leben Montréals chassidisch-orthodoxe Juden - und die Bagels der Bäckereien sind die besten im Lande.

Mode, Kunst und junge Szene, Sexshops und schicke Straßencafés: Montréal bleibt nichts schuldig von dem, was eine Stadt von Welt ausmacht.

Typisch für Québec:
die Wendeltreppen ins obere Stockwerk.
Jede Wohnung hat ihren eigenen Eingang.

Herbst in den Laurentischen Bergen.
Die hügelige Seenregion nördlich von Montréal ist ein beliebtes Ausflugsziel der Städter.

Wilde Wasser, stille Seen: Kanu fahren ist nationales Freizeitvergnügen in Kanada und der Rivière du Diable in den Laurentischen Bergen ideal dafür.

Quessy

Vive la Québec libre

Die Stadt Québec im Schicksalsjahr 1759: Nach zweimonatiger Belagerung erstürmen die Briten das Cap Diamant und nehmen die Hauptstadt von Nouvelle France ein - die Kolonie Neufrankreich wird von Britannien übernommen.

Die Québecer sorgen sich. Immer mehr sogar in den letzten Jahrzehnten, ist doch ihre zwar flächenmäßig große Provinz kaum mehr als eine kleine Insel französischer Kultur im allgewaltigen anglophonen Nordamerika. Die Geburtenrate sinkt derzeit drastisch ab, im Zeitalter immer größerer Wirtschaftsbündnisse geht die Bedeutung der Provinz zurück, und die neuen Einwanderer aus Trinidad oder Thailand wollen lieber Englisch als Französisch lernen. Da ist es nicht verwunderlich, daß der Ruf nach einem ›Québec libre‹, einem unabhängigen, alleine stärkeren Québec, in den letzten Jahrzehnten immer wieder Schlagzeilen machte. Der Schlachtruf der

Kanada um das Jahr 1540: Die älteste Karte des Sankt-Lorenz-Tales zeigt Jacques Cartier - natürlich ein Franzose - bei der Inbesitznahme Kanadas.

frankophonen Nationalisten, den 1967 schon Charles de Gaulle bei einer Rede in Montréal einer begeisterten Menge zurief, brachte das Land schon mehrmals an den Rand der Auflösung. Die Wurzeln dieses kanadischen Schicksalsstreits reichen weit zurück: Bis zur Mitte des 18. Jahrhunderts war Kanada fast rein französischsprachig. Nach dem Sieg im Siebenjährigen Krieg garantierte der englische König seinen neuen Untertanen sogar das Recht auf ihre eigene Sprache (französisch) und ihre Religion (katholisch). Nicht zuletzt, um ihre Gunst zu gewinnen - im Unabhängigkeitskrieg der Amerikaner blieben die Québecer denn auch der britischen Krone treu. Doch wenig später flohen Tausende von englischen Loyalisten aus den USA nach Norden - Kanada wurde überwiegend englischsprachig. Anglos kontrollierten die Politik des jungen Staates, die großen Handelshäuser und später die Industrien. Die französischen Québecer, zumeist arm und schlecht ausgebildet, stellten das arbeitende Fußvolk, das von der obrigkeitstreuen katholischen Kirche im Zaum gehalten wurde. Doch die Québecer ließen sich nicht assimilieren, nicht zuletzt aufgrund ihres phänomenalen Bevölkerungswachstums, der ›Rache der Wiege‹. Zwölf, ja 15 Kinder waren die Regel. In jeder Familie. Über Generationen hinweg. Erst die 60er Jahre brachten eine politische und gesellschaftliche Wende: Unter

Ein typisches Bild in Montréal: Vor allem im englischsprachigen Westteil der Stadt stehen Häuser zum Verkauf, seit die Nationalisten die Unabhängigkeit Québecs fordern und viele »Anglos« nach Ontario abwanderten.

einer neuen liberalen Provinzregierung nahmen die Québecer ihr Schicksal selbst in die Hand, verstaatlichten die großen Industrien und bauten das Schulsystem aus.

Die 1969 vom charismatischen Nationalisten René Lévesque gegründete Parti Québecois machte sogar per Gesetz ihre Provinz rein französischsprachig und betrieb mit Macht die Loslösung von Kanada. Zweimal kam es zur Volksabstimmung, zweimal entschieden sich die Québecer bei Kanada zu bleiben. Das letzte Mal im Oktober 1995 nur mit hauchdünnen 50,6 Prozent. Der Streit wird weitergehen, doch die frankophonen Nationalisten müssen sich beeilen. Derzeit liegt die Geburtenrate nur mehr bei 1,5 Kinder je Familie - und die Québecer müssen sich nun wirklich Sorgen machen, nicht bald auszusterben.

Die Bourbonenlilie, kein anderes Symbol ist in Québec häufiger zu sehen. In der Flagge der Provinz, in den Autoschildern - und als Graffito der Nationalisten.

FRANKOKANADIER

Kanada ist offiziell ein zweisprachiges Land. Von Küste zu Küste ist auf jeder Toastbrotpackung und jedem Joghurtbecher in den Supermärkten die Aufschrift in Englisch und Französisch. Überall im Land haben Frankophone das Recht, in staatlichen Ämtern auf Französisch bedient zu werden. Doch nur die Provinz Québec ist bis heute wirklich eine Bastion der gallischen Kultur und Sprache. Knapp ein Viertel der 30 Mio. Kanadier ist französischsprachig, 85 % davon leben in Québec. Von den rund 7,3 Mio. Bewohnern der Provinz sind 82 % französischer Abstammung, in den übrigen Provinzen gibt es nur kleine Minderheiten: An der Nordostküste von New Brunswick leben seit dem 18. Jahrhundert französischsprachige Akadier, in der Prärieprovinz Manitoba gibt es noch heute viele ›Métis‹, Nachfahren aus den Verbindungen französischer Trapper und indianischer Squaws.

Montmartre lässt grüßen: In den Gassen der Altstadt von Québec City blühen Kunsthandwerk und Folklore. In der Rue du Trésor (Mitte) stellen die Maler ihre Werke aus - viel Kitsch ist dabei, aber mit Glück entdeckt man auch ein Nachwuchstalent.

CHATEAU BELLEVUE
Laporte

FRAGILE

Carnaval du Québec - das größte Ereignis des Jahres in Québec City. Eisschlösser und Eisskulpturen werden gebaut, der Höhepunkt des zehntägigen Festes aber ist ein wildes Kanurennen über den gefrorenen Sankt Lorenz.

Carnaval

WASSER, WASSER ÜBERALL

Glitzerndes Wasser« bedeutet der Name von Kanadas zweitgrößter Provinz Ontario in der Sprache der Irokesen. Die mächtige »Iroquois Federation« herrschte vor kaum 200 Jahren noch über das ganze Land um den Lake Ontario - heute leben ihre Nachfahren zusammengedrängt in einigen Reservaten um Brantford und bei Montréal, Schattenbilder ihrer früheren Größe. Auch ihr Land hat sich verändert: Süd-Ontario ist Zivilisationsland geworden, mit fruchtbaren Feldern, modernen Städten und breiten Highways. Toronto, vor zwei Jahrhunderten **nur ein Pelzhandelsposten in der Einsamkeit** am Nordufer des Sees, stieg gar zur größten Stadt Kanadas auf, zum wirtschaftlichen Motor und kulturellen Nabel des ganzen großen Landes.

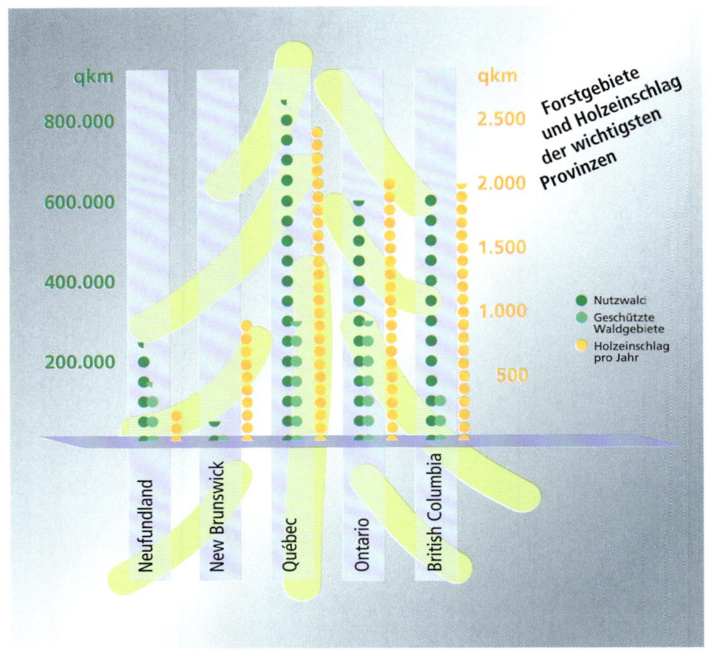

Sägewerke und Zellulosefabriken bieten in manchen Regionen die einzigen Arbeitsplätze. Rund 330 Orte in Kanada leben allein von der Holzindustrie.

Was sich nicht geändert hat, ist der Reichtum an Wasser, und auch im Norden Ontarios, wo die Wälder wie seit Urzeiten jedes Jahr zum Indian Summer in glühenden Farben entflammen, erscheint das Land noch ursprünglich wie einst. Elche, Schwarzbären und sogar Wölfe finden hier ungestörten Lebensraum, Eistaucher schicken ihre klagenden Rufe über die stillen Wasser. Zwischen 250.000 und 400.000 Seen gibt es in Ontario, je nachdem, ab welcher Größe man einen Teich als See bezeichnen will. Reichlich allemal. Ein Sechstel der gesamten Provinz - die immerhin dreimal größer ist als Deutschland - wird von Wasser bedeckt. Allein an den Great Lakes besitzt Ontario eine Küstenlinie von fast viertausend Kilometern, nicht zu vergessen die 1200 Kilometer echte Meeresküste hoch oben an der eisigen Hudson Bay.

In Nord-Ontario setzt sich der Kanadische Schild von Québec her nach Westen fort. Wie ein gigantisches grün-blau-grau gesprenkeltes Hufeisen legt sich die Landschaft der von Urzeitgletschern abgehobelten Granitkuppen, der Wälder und Seenplatten um die Hudson Bay. Nur einzelne, abgelegene Fishing Lodges findet man hier, nur einige

Seite 82/83: Niagara Falls: ein atemberaubendes - und feuchtes - Naturschauspiel für die Bootsfahrer der »Maid of the Mist«.

Zivilisierte Wildnis: Kanadagänse auf dem Weg zum Frühstück am Golfplatz.

Städtchen der Holzfäller oder der Miners. Das harte Urgestein birgt große Gold- und Nickelvorkommen, die borealen Nadelwälder produzieren Zeitungspapier für New York und Tokio. Große Areale sind jedoch auch vor dem Zugriff der oftmals zerstörerischen Zivilisation in Naturparks geschützt. Naturparks, in denen der Mensch nur Gast ist und sich der Natur zu ihren Bedingungen stellen muss. Der Algonquin Park etwa gilt als schönstes Revier der Kanufahrer, die Chapleau Game Reserve östlich des Lake Superior, Heimat für Elche, Biber und Millionen von Wasservögeln, ist sogar das größte Tierschutzgebiet der Welt, größer als jeder Wildpark in Afrika.

Symbole Manitobas: die Kuppel des Parlaments in Winnipeg (oben) und eine Büffelherde in einem Schutzgebiet im wilden Norden der Provinz.

Fast zweitausend Kilometer weit erstreckt sich das Waldland in Ontario nach Westen. Erst jenseits des Lake of the Woods, jenseits der Grenze zu Manitoba endet die grüne Einsamkeit. Was folgt, ist schier noch unendlicher: die goldgelben, völlig flachen Prärien, die bis an die Rocky Mountains reichen. Entlang des Trans-Canada-Highway, der den Süden Manitobas durchschneidet, dehnen sich die Kornfelder bis zum fernen Horizont. Die einzige größere Stadt, Winnipeg, ragt wie eine Insel der urbanen Kultur aus dem Meer der Felder auf. Wenn man nach Norden vorstößt, taucht man aber auch in Manitoba bald wieder in die Wildnis ein. Die menschenleere Nordhälfte der Provinz ist allein die Domäne der Jäger und Angler.

Rund 25 000 Farmen gibt es in Manitoba, etwa 2 Millionen Hektar Land stehen unter dem Pflug.

Szenenwechsel zurück nach Ontario, in die große Stadt. Samstagmorgen in Toronto. Während es in der Börse an der Bay Street heute ruhig bleibt und hinter den Spiegelglasfassaden des Finanzdistrikts nur die Putzkolonnen arbeiten, herrscht nebenan auf dem St. Lawrence Market geschäftiges Treiben. Schon seit drei Uhr morgens sind die aus weitem Umkreis angereisten Farmer dabei, ihre Stände aufzubauen. Das Resultat - so gegen acht Uhr - ist **ein wahres Fest für die Sinne.** Neben dicken Steaks türmen sich Pyramiden von saftigen Melonen, rosa Gemüsebananen aus der Karibik hängen einträchtig neben ukrainischen und deutschen Würsten. In bunten Gläsern und Flaschen warten kanadischer Rapshonig und Ahornsirup auf Liebhaber. Zwei gestiku-

lierende Italiener verkaufen duftendes Focaccia-Brot und bei Rube's gibt es über 30 Arten Reis aus aller Welt - auch Wildreis aus den Indianerreservaten Manitobas.

Der Markt an der Front Street im Herzen Torontos ist fast so alt wie die Stadt selbst. 1803, zehn Jahre nach der Gründung von Fort York, wie Toronto damals hieß, ließ der englische Kolonialgouverneur diesen Stadtmarkt einrichten. Genau 408 Einwohner hatte der Winzlingsort in der Waldwildnis am Lake Ontario damals. Heute sind es 4,3 Millionen Menschen. Und so vielfältig wie die Produkte des Marktes im Lauf der Zeit wurden, so haben sich auch die Menschen der Stadt gewandelt. Das verschlafene Pionierstädtchen, besiedelt von braven Untertanen des englischen Königs, hat sich zur lebenslustigen Metropole gemausert.

Spiegelnde Paläste, postmoderne Architektur - Toronto ist reich, doch nicht alle haben am Wohlstand teil.

Toronto überflügelte sogar Montréal, wurde zur größten und mächtigsten Stadt Kanadas - mit der wichtigsten Börse, mit mehr als 7000 Industrieunternehmen, geringer Arbeitslosigkeit und hohem Lebensstandard. Auch an Kultur mangelt es längst nicht mehr: Für Musicals und Theateraufführungen ist die Stadt nach New York das beste Ziel in Nordamerika. Hervorragende Museen wie die Art Gallery of Ontario mit ihrer einzigartigen Henry-Moore-Sammlung sind ebenso zu finden wie ausgezeichnete Produktionen des Kanadischen Nationalballetts, das hier zu Hause ist. Auch städtebaulich hat sich Toronto einiges einfallen lassen, um aufzufallen: Über der Downtown ragt der höchste freistehende Turm der Welt auf, der 553,3 Meter hohe CN-Tower. Damit nicht genug, Architekten von Weltruf modellierten die Skyline der Stadt: Der deutschstämmige Starbaumeister Ed Zeidler schuf den glasüberdachten Konsumtempel des Eaton Centre und das Hafenprojekt Queens Quay, der Spanier Santiago Calatrava entwarf den avantgardistischen BCE Place, einen zackigen Doppelturm der Hochfinanz. Peter Ustinov sagte einmal, Toronto sei »wie New York, nur von Schweizern geführt«. Ein treffliches Epigramm, denn Toronto ist **sauber, pünktlich, wohlhabend** - mit einem Schuss Biederkeit. Noch in den 50er Jahren mussten die Geschäfte am Sonntag ihre

Torontos Tempel für die Sportfans: die Hockey Hall of Fame (oben) und das gigantische Skydome-Stadion.

Schaufenster verhängen, damit die Bürger nicht auf sündige Einkaufsgedanken kamen. Alkohol, Tanz und andere Vergnügen waren sonntags strikt untersagt. Es hat etwas gedauert, bis Toronto diesen Ruch selbstzufriedener protestantischer Langweiligkeit abschütteln konnte. Erst die neuen Einwandererwellen aus der Karibik und aus Asien haben den britischen Siedlerbrei peppig gewürzt und der Stadt kosmopolitisches Flair verliehen. Die bunte Szene an der Queen Street, in der Chinatown oder im noblen Shoppingviertel Yorktown kann sich heute mit jeder Metropole der Welt messen. Im heißen Sommer - Toronto liegt immerhin auf der Höhe von Nizza - trifft man sich im Strandviertel The Beaches. Und ein sonntäglicher Bummel entlang der prächtig restaurierten Harbourfront offenbart eine farbenfrohe Welt von Straßenkünstlern, weißen Segelbooten und genießenden Menschen.

Leben wie die Vorväter

. Die vielfältige Siedlungskultur Ontarios erschöpft sich längst nicht in der Metropole Toronto. Südlich der Stadt liegt die liebliche Obst- und Weinregion der Niagara-Halbinsel, einige Fahrstunden östlich das urenglisch anmutende Kingston, weiter nördlich die elegante Bundeshauptstadt Ottawa mit ihren Nationalmuseen und gepflegten Diplomatenvierteln. Die faszinierendste Kulturlandschaft wartet jedoch unmittelbar westlich von Toronto um Kitchener, das noch bis zum Ersten Weltkrieg »Berlin« hieß: Schon zu Anfang des 19. Jahrhunderts ließen sich hier deutschstämmige Mennoniten nieder, tief religiöse Bauern, die aus der Wildnis blühendes Farmland schufen.

Mehr als 200 000 Mennoniten leben heute in Kanada. Ihre Vorväter stammten aus der Pfalz und dem Rheinland und wanderten - teils über Russland oder die USA - um 1800 nach Kanada ein.

Bis heute lehnen viele von ihnen alles Moderne als Teufelswerk ab, fahren nicht Auto, sondern altmodische Pferdekutschen, kleiden sich in schlichtem Schwarz, benutzen keine Telefone und keine Elektrizität. Was ihren Vorvätern genügte, das genügt ihnen auch heute zum Leben. Und Ontario, der Staat, lässt sie gewähren, gibt ihnen den Freiraum, ihr Leben nach ihrem Glauben und ihrer Überlieferung zu gestalten.

Alte Zeiten, neue Zeiten: Die strenggläubigen Mennoniten in der Region um Kitchener fahren lieber Kutschen statt Autos - Fußballspielen ist aber wohl erlaubt.

Eine flammende Symphonie der Farben: Der Algonquin Park nördlich von Toronto erfüllt alle Idealvorstellungen vom Kanada der einsamen Wälder und funkelnden Seen.

Das Blut des Großen Bären: Nach einer indianischen Sage stellt jeden Herbst der Himmlische Jäger dem Großen Bären nach. Wenn er ihn schließlich erlegt, tropft das Blut des Bären feuerrot auf die Erde und färbt die Bäume.

Leben wie vor hundert Jahren: In kleinen Farmorten wie St. Jacobs, Elmira und Wallenstein suchen die Mennoniten, eine Wiedertäufer-Gemeinschaft, ihren altdeutschen Lebensstil zu bewahren. Frömmigkeit und Arbeit sind ihre höchsten Ideale, alles Moderne lehnen sie ab.

Seite 92/93: Kanadisches Stilleben: ein namenloser See bei Parry Sound im Norden Ontarios.

Angeln, neben Eishockey der liebste Sport der Kanadier: Im weiten Seenland Nordontarios warten kämpferische Muskies (Muskellunge) und Pikes (Hechte) auf die Petrijünger. Kenora hat dem Muskie sogar ein Denkmal gesetzt.

Wider alle Klischees vom einsamen Nordland: Wasaga Beach an der Georgian Bay des Lake Huron verwandelt sich im Sommer zur bunten Szenemeile der Strandgänger.

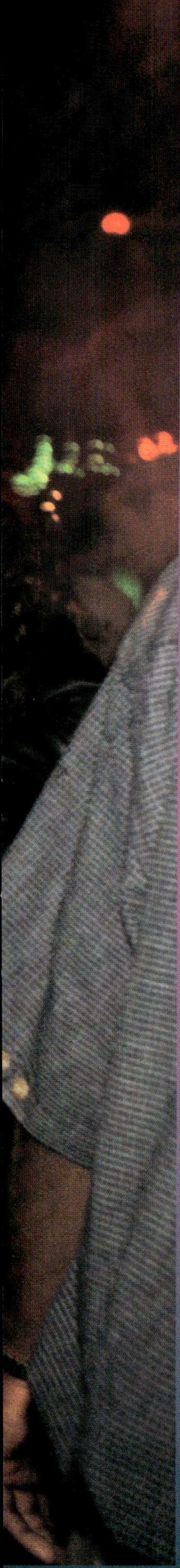

Wenn es Nacht wird in Wasaga Beach - dann werden die Gehsteige noch längst nicht hochgeklappt, und in den Disko-Clubs dröhnen die Rhythmen bis zum frühen Morgen.

Seite 100:
Citylights in Toronto:
Von der Aussichtsplattform des CN-Tower wirken die vielstöckigen Bankpaläste und Bürotürme der Innenstadt wie illuminierte Bauklötzchen aus Riesenhand.

Absolute Weltspitze:
Der CN-Tower, das Wahrzeichen Torontos, ist mit 553 Metern der höchste freistehende Turm der Welt. Für die Bewerbung als Fensterputzer ist hier wahrlich Schwindelfreiheit gefragt.

Urbane Kontraste: Das stattliche Gooderham Building aus viktorianischer Zeit wirkt winzig vor den Doppeltürmen des BCE Place, den neuesten architektonischen Höhepunkten in Torontos Skyline.

Pulsierendes Stadtleben: Ob schicke Boutiquen, Internet-Cafés oder chinesische Familienlokale - die Vielvölkermetropole Toronto bietet für jeden Geschmack etwas.

Niagara Falls - Mekka für Flitterwöchner und Stuntmen

Angeblich war es Napoleons Bruder Jérôme, der den Trend auslöste. Im Jahre 1803 fuhr er von New Orleans, das damals noch französische Kolonie war, mit seiner Braut per Postkutsche zu den Niagarafällen, um dort

Seid begeistert, Millionen: Von Osaka bis Osnabrück reicht das Spektrum der Besucher. Die Niagarafälle sind touristisches Pflichtprogramm in Ostkanada.

die Flitterwochen zu verbringen. Millionen frisch getraute Pärchen haben es ihm seitdem nachgetan. »Oh honey, look how wonderful!« Derlei verzückte Ausrufe hört man - meist in breitem Midwest-Dialekt - auch heute noch häufiger. Vor allem abends auf der Uferterrasse vor den mächtig rauschenden, farbig angestrahlten Fällen. Danach turteln die Pärchen weiter in einem romantischen Restaurant mit Blick über die Fälle oder baden im herzförmigen Whirlpool ihres Hotelzimmers - natürlich auch mit Blick über die Fälle.

Schon lange vor dem Grand Canyon wurden die Niagarafälle zum berühmtesten Naturwunder der Neuen Welt - und sie wurden und werden touristisch vermarktet wie kaum eine andere Attraktion. An die 12 Millionen Besucher kommen heute jedes Jahr. Von Plattformen und Aussichtstürmen kann man das Naturspektakel von oben bestaunen, aus Ausflugsbooten von unten. Tunnelgänge führen sogar in die Höhlung hinter die stürzenden Wassermassen.

Und in den Straßen beiderseits der Fälle regieren Kitsch und Kommerz, reihen sich Souvenirläden, schrille Wachsmuseen und Kuriositätenkabinette. Schon 1848 wurde die erste Brücke über die fast 60 Meter tiefe Schlucht gebaut, in die der Niagara River stürzt. Wenig später kamen die ersten ›Daredevils‹, jene waghalsigen, häufig lebensmüden Hasardeure, die sich - meist mit tödlichem Resultat - schlagzeilenträchtig in Fässern und Booten über die Klippen fallen ließen.

Skurril und kitschig, aber witzig: Andenkenläden und Kuriositätenkabinette drängen sich im Ort Niagara Falls dicht an dicht. Wer will, kann sich beim Paddeln vor den (gemalten) Fällen fotografieren lassen.

Wie Spielzeugschiffe sehen die Ausflugsboote vor den fast 60 Meter hohen Horseshoe Falls aus.

Egal, ob aus Unvorsichtigkeit oder geplant, jeder Sturz über die Fälle machte schon zur Jahrhundertwende Schlagzeilen in den Journalen.

Der ›Große Blondin‹, ein französischer Drahtseilakrobat, balancierte 1859 mehrmals über die tosenden Wasser, briet sich ein Omelett auf halber Strecke und fuhr sogar ein Fahrrad auf dem Drahtseil hinüber. Die Lehrerin Annie Taylor überlebte im Jahr 1901 als Erste in einem gepolsterten Fass den Sturz über die Fälle. Ein griechischer Kellner überlebte den Fall 1930 ebenfalls - erstickte allerdings danach, als sein Fass unten im Strudel stecken blieb. Ungewollt trieb dagegen ein siebenjähriger Junge 1961 über die Kante und überstand den Fall unbeschadet. Der Kanadier David Munday stürzte sich sogar zweimal, 1985 und 1993, erfolgreich über die Fälle - musste allerdings beim zweiten Mal 10 000 $ Ordnungsstrafe berappen. Doch auch in Zukunft werden wohl weder Geldbußen noch die allerorts aufgestellten Warnschilder die ruhmessüchtigen Sensationsdarsteller und schon gar nicht die echten Lebensmüden vom Sprung in die Kaskaden abhalten.

DIE NIAGARAFÄLLE

Niagara, ›donnnerndes Wasser‹, nannten die Indianer die gewaltigen Fälle am 55 km langen Niagara River, der aus dem Lake Erie in den Lake Ontario fließt. Nach einer Sage der Seneca-Indianer ist der Gesteinswall, über den der Fluss stürzt, der Leib einer große Schlange, die vom Donnergeist erlegt wurde.

Die Geologen sehen das nüchterner: Die Geländestufe des Niagara Escarpment ließ die zweigeteilten Fälle nach der letzten Eiszeit entstehen: die 56 m hohen, 323 m breiten American Falls und die weit eindrucksvolleren, 54 m hohen kanadischen Horseshoe Falls, die sich auf 670 m Breite wie ein Hufeisen um die Schlucht der Niagara Gorge legen. 170 Millionen Liter Wasser schießen pro Minute über die Abbruchkante, sechsmal so viel wie etwa in den Victoriafällen in Afrika.

Die gewaltige Erosionskraft der Niagarafälle wurde jedoch in der Neuzeit durch Dämme und Kanäle gebremst, der Wasserstrom auf ein Zehntel zurückgedreht. Früher fraßen sich die Fälle 1 m pro Jahr stromaufwärts (rund 300 Meter seit der Franziskanerpater Louis Hennepin 1678 als erster Weißer die Fälle sah), heute sind es nur zehn Zentimeter jährlich.

Winnipeg, Manitoba: einst ein abgelegener Pelzhandelsposten am Ufer des Assiniboine River, heute die Hauptstadt Manitobas und das urbane Zentrum der Prärien.

Im Norden Manitobas gehen die Prärien in fast völlig unerschlossene subarktische Seenplatten über - einsame Reviere für Angler und Jäger.

Revier der Buschpiloten: im Norden Manitobas sind Wasserflugzeuge häufig das einzig mögliche Verkehrsmittel.

Schon zu Anfang dieses Jahrhunderts wurden die Prärien von Einwanderern aus der Ukraine, Polen und Deutschland urbar gemacht. Doch so manche Hoffnung blieb auf der Strecke, nicht jeder Pionierfarmer hat es geschafft.

Futter für den Winter: die Heuballen der Prärieranch werden allerdings vor der Verfütterung erst aufgetaut werden müssen. Bei Temperaturen von minus 30 Grad fällt alles in eisharte Winterstarre.

Seit mehr als hundert Jahren ist die transkontinentale Eisenbahn die Lebensader der Prärien. Die Bahnhöfe und die Kornspeicher, die »Kathedralen der Prärie«, sind oft die einzigen Fixpunkte in der unendlichen Weite.

Im Reich der weißen Riesen: Bei Churchill, am Ufer der Hudson Bay, sammeln sich im Oktober die Eisbären und warten auf das Zufrieren der Bucht. Dann ziehen sie hinaus aufs Packeis und stellen den Robben nach.

DIE ARKTIS –
ZWISCHEN MYTHOS
UND MODERNE

Oben:
Farbenrausch der Tundra: Im August blüht das Wollgras.

Unten:
Das Nomadenleben ist vorbei: Wohnküche einer Inuitfamilie in Tasiujaq, Nord-Québec.

Martin Frobisher, Henry Hudson, Sir John Franklin, Roald Amundsen - die Liste der europäischen Entdecker, die sich aufmachten, die wilde Arktis zu erkunden, ist lang und sie spannt sich über vier Jahrhunderte. Sie kamen, um die legendäre Northwest-Passage nach China zu finden, sie suchten Ruhm und Abenteuer. Doch viele von ihnen kehrten nicht zurück. Sie blieben im Packeis stecken, verirrten sich im unendlichen Labyrinth der arktischen Inseln, erfroren im arktischen Winter. Die wenigen, die die Rückkehr schafften, begründeten den Mythos des kanadischen Nordens. Sie erzählten von einem gewaltigen Land, von unendlicher Weite, von Diamanten im Urgestein und von reichen Walfanggründen. Und sie erzählten von jenen seltsamen Menschen, die dort in der eisigen Tundra lebten. Eskimos, »Rohfleischesser«, nannten die weiter südlich lebenden Indianer sie, und die weißen Entdecker übernahmen den Begriff. Sie selbst nannten sich Inuit, »Menschen«.

Das nostalgische Werbeschild auf dem Taxi in Iqaluit trügt - gefahren wird mit Pferdestärken.

Die - zugegeben extrem dünne - Besiedelung durch die Inuit hielt die weißen Eroberer nicht davon ab, das Nordland für sich zu beanspruchen. Noch Anfang des 20. Jahrhunderts berichtete der Arktisforscher Joseph-Elzéar Bernier von Kanadas größter Insel: »In Gegenwart einiger Eskimos nahm ich Baffin Island für Kanada in Besitz, und nachdem wir 19 Schüsse abgefeuert hatten, wies ich einen Eskimo an, den 20. abzufeuern, und sagte ihm, dass er nun ein Kanadier sei.« So einfach war das damals.

Tundra, Packeis, Permafrost.

Fast 3,5 Millionen Quadratkilometer groß sind die Northwest Territories, ein Drittel der Gesamtfläche Kanadas. Ein Land faszinierender Naturphänomene: Nirgendwo sonst kann man am Winterhimmel so schön und so oft Nordlichter beobachten, denn der magnetische Nordpol liegt inmitten der Territories nahe Bathhurst Island. Im kurzen, aber oft verblüffend warmen Sommer gehören die Lüfte den Millionen von Zugvögeln, Schneegänse, Eiderenten, Gerfalken. Manche, wie etwa die arktischen Seeschwalben, nisten auf den nördlichsten Inseln und fliegen für den Winter bis in die Antarktis - eine jährliche Wanderung von rund 40 000 Kilometern.

Seite 112/113:
Pond Inlet, Baffin Island: Seit Urzeiten sind Boote die wichtigsten Verkehrsmittel für die Inuit, neu ist nur der Motor.

Auf dem baumlosen Land hat sich eine einzigartig angepasste Tundravegetation aus Zwergweiden, Heidekräutern und Flechten entwickelt, die im September für zwei kurze Wochen in einem

herbstlichen Farbenrausch erglüht. Doch so karg die Vegetation auch ist, sie bietet Nahrung für riesige Karibuherden von 100 000, ja bis zu 300 000 Tieren. Das Land unter ihren Hufen taut im Sommer meist nur wenige Meter tief auf, darunter liegt Permafrostboden, stellenweise beinhart gefroren bis in mehrere hundert Meter Tiefe. Auch das arktische Meer wird von Eis umschlossen und ist dennoch einer der reichsten Lebensräume: Robben, Walrosse, Nar- und Belugawale leben in der Nahrungskette, die mit den Krill- und Loddenschwärmen des kalten Meeres beginnt und an der Spitze mit dem König der Arktis endet - dem Eisbären.

Von Baffin Island gingen vermutlich die riesigen Gletscher aus, die während der letzten Eiszeit Nordamerika bedeckten. In den über 2000 Meter hohen Bergen der Insel liegt heute das letzte Resteis aus jener Ära.

Viele der einzigartigen Naturräume wurden in den letzten Jahrzehnten unter Schutz gestellt: die spektakulären Gletscher und Bergmassive von Baffin Island im Auyuittuq National Park, die Vogelkolonien von Bylot Island, die Reviere der Moschusochsen in der Thelon Game Preserve, das extrem nördliche Tundra-Ökosystem von Ellesmere Island. Doch die Arktis ist längst nicht mehr ein völlig unbeflecktes Paradies. Die Zivilisation des Südens streckt ihre Krakenarme stetig nordwärts. Schadstoffe aus den Industriegebieten des Midwest ziehen mit hohen Winden bis in die Arktis - und konzentrieren sich dort. In der Muttermilch von Inuitfrauen wurden schon mehr Umweltgifte nachgewiesen, als in der von Frauen aus Chicago. Zwar gibt es bislang nur in der westlichen Arktis einige Highways, doch neue Erzvorkommen kündigen auch in anderen Regionen verstärkte Erschließung an.

Die Menschen des Nordens werden sich umstellen müssen. Das Leben ist leichter geworden, dank Flugzeugen und moderner Technologie muss heute niemand mehr verhungern oder erfrieren, wie dies noch vor 50 Jahren durchaus vorkam. Die Inuit leben in festen Häusern - eingeflogen aus dem Süden - mit Fernseher und Elektroherd. Lebensstandard und Schulbildung haben sich verbessert. Doch das Leben der einstigen Jäger hat seinen Sinn verloren, nicht zuletzt durch den Boykott europäischer Tierschützer, der den Pelzhandel zusammenbrechen ließ. Kunstgewerbe und Folklore für Touristen können die traditionellen Werte und Lebensweisen nicht ersetzen.

Volkskunst im besten Sinne: Aus Steatit-Stein, Knochen und Geweihstücken lassen die Inuit faszinierende Formen entstehen.

Grise Fjord, Northwest Territories: 50 Einwohner, 76° nördliche Breite. Das erst 1953 gegründete Inuit-Dorf auf Ellesmere Island ist die nördlichste Siedlung Kanadas.

Arbeitsplatz mit erschwerten Bedingungen: Bis weit ins Frühjahr blockieren Eisberge und Packeis die Arbeit der Fischer im Inuitdorf Broughton Island an der Ostküste von Baffin Island.

Die Zivilisation hat Einzug gehalten:
Selbst in den abgelegensten Siedlungen der Inuit wie etwa Pelly Bay (oben und unten) oder Grise Fjord (Mitte) gibt es heute moderne Schulen, Cassettenrecorder und Containerhäuser.

Überleben am Ende der Welt

Aniugaviniq bedeutet ›hart gepresster Schnee‹, Katakartanaq ›Schnee mit Eiskruste‹, und Qannik sind ›Schneeflocken‹. Inuktitut, die Sprache der kanadischen Inuit, kennt mehr als 20 Begriffe für unterschiedliche Arten von Schnee. Ein Zeichen dafür, wie genau diese Pioniere der Arktis ihre raue Umwelt beobachteten und welche Bedeutung Kälte und Schnee in ihrer Kultur hatten. Wie kein anderes Volk erschlossen sich die Inuit eine extrem lebensfeindliche Randzone unserer Erde und passten sich über Generationen perfekt an die karge, kalte Wildnis an. Ihre Parkas und Stiefel aus Robbenfell schützten sie vor den winterlichen Blizzards. Mit großen Lastbooten, den Umiaks, legten sie gewaltige Distanzen in der arktischen Inselwelt zurück. Mit meisterhaft geschnitzten Harpunen und anderem Jagdgerät erlegten sie Robben und Wale, Karibus und Moschusochsen. Sogar eine genetische Umstellung half ihnen zu überleben: Die Inuit können tierische Aminosäuren weit besser verarbeiten als Menschen anderer Völker und daher fast ausschließlich von Fleisch leben. Robbenleber und Fischöl liefern die nötigen Vitamine.

Die ersten Menschen, steinzeitliche Jäger aus Sibirien, besiedelten die kanadische Arktis bereits vor 4000 bis 6000 Jahren und entwickelten sich um 500 v. Chr. fort zur Dorset-Kultur. Die Vorfahren der heutigen Inuit kamen erst viel später, etwa um 1000 n. Chr.: Die Stämme der Thule-Kultur verdrängten die Dorset-Menschen und breiteten sich in einer Völkerwanderung von nur wenigen Generationen von Alaska über die gesamte Arktisregion bis Grönland aus. Sogar Ellesmere Island besiedelten sie damals, mussten diesen Lebensraum jedoch während der »kleinen Eiszeit« um 1650 wieder aufgeben - die unbarmherzige Witterung drängte sie zurück nach Süden. Noch bis ins 20. Jahrhundert lebten die Thule-Inuit halb nomadisch in kleinen Sippen- und Dorfverbänden, geführt von charismatischen Jagdhäuptlingen und Schamanen. Die Welt der Weißen erreichte sie nur zögerlich - doch mit ver-

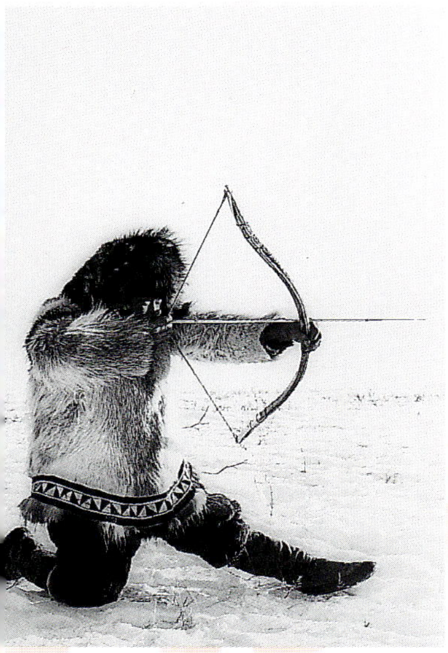

Ein Inuitjäger aus der Zeit der 30er Jahre. Typisch: der Robbenfellparka mit ornamentierter Borte.

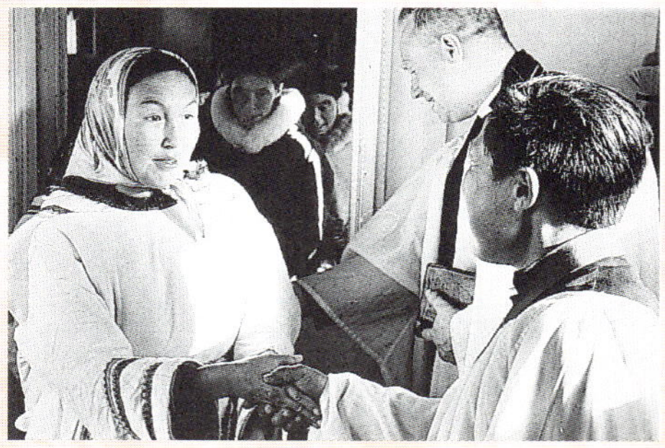

Manche Inuitfamilien wurden erst um 1930 oder 1940 von der Zivilisation erreicht. »String Games« (Mitte), bei denen mit komplizierten, ständig wechselnden Fadennetzen Geschichten und Mythen verdeutlicht werden, sind auch heute noch beliebt.

heerenden Folgen. Schon die ersten Entdecker und später verstärkt die Walfänger brachten europäische Krankheiten, die ganze Sippen auslöschten. Missionare raubten ihnen ihre Mythen und Naturgötter, und die Politiker vergaßen sie zumeist, überließen sie dem Alkoholismus und der Arbeitslosigkeit. Erst seit einigen Jahrzehnten gibt es wieder Hoffnung: Die Lebensbedingungen der Inuit verbesserten sich, und schon bald werden sie auch politische Selbstverwaltung erhalten.

Gesichter, von der Natur gezeichnet: Die extreme arktische Witterung, die wüstenhaft trockene Luft, der ständige Wind, die gleißende Sonne auf Schnee und Eis, lässt die Haut vor der Zeit altern.

Nunavut - Unser Land

Am 1. April 1999 ist es so weit. Nach langen Verhandlungen mit der kanadischen Regierung werden die Inuit einen Großteil ihrer ursprünglichen Heimat offiziell, mit Brief und Siegel zurückerhalten. Aus den Northwest Territories wird ein neues Territorium herausgeschnitten: Es soll von Baffin Island bis an die Nordspitze Kanadas nach Ellesmere Island reichen und westwärts bis etwa zum 120. Längengrad - rund 2 Mio. qkm, knapp ein Fünftel der Gesamtfläche Kanadas. Nunavut, ›Unser Land‹, wollen die Inuit ihr Reich nennen, Iqaluit am Südende von Baffin Island wird die neue Hauptstadt. Die angestammten Jagd- und Fischrechte der Inuit sollen im gesamten neuen Territorium gelten, dazu erhalten sie Rechte an Bodenschätzen und 1,1 Milliarde Dollar als Starthilfe und Abgeltung aller weiteren Landansprüche. Das neue Territorium soll zwar kein reiner Inuit-Staat werden, doch mit einem Bevölkerungsanteil von 80 Prozent werden die rund 17 500 Inuit der Region die politischen Geschicke Nunavuts weitgehend selbst bestimmen.

Eismaschinen überflüssig: Acht Monate des Jahres können die Eishockeyspieler von Grise Fjord auf bestem Natureis üben - ansonsten halten sich jedoch die Freizeitmöglichkeiten für die Jugend hier sehr in Grenzen.

Kanadischer Baustil der Eisenbahnzeit: das Château Laurier in Ottawa.

Québec City, Kanadas älteste Stadt am Sankt Lorenz - im Winter hält der Fluss die Stadt in eisiger Umklammerung.

30 000 bis 12 000 v. Chr.
Erste Besiedelung Nordamerikas: Nomadische Jägervölker wandern in mehreren Wellen von Sibirien über die Beringstraße nach Alaska ein. Sie ziehen durch das Yukontal nach Süden und besiedeln den Kontinent. Die ersten archaischen Stämme erreichen etwa 9000 v. Chr. Ostkanada. Im Lauf der Jahrtausende spalten sie sich in zahlreiche Stämme und Kulturen.

Die Kanadier ziehen heute in die Stadt, die Pionierhäuser von einst verfallen.

Um 1000 n. Chr.
Seefahrende Wikinger unter der Führung von Leif Ericsson entdecken von Grönland her kommend Labrador und Neufundland, das sie »Vinland« nennen. Ihre Siedlungen an der Nordspitze Neufundlands haben allerdings nur wenige Jahre Bestand.

1497
In britischem Auftrag segelt der Venezianer Giovanni Caboto (John Cabot) als erster Europäer der Neuzeit nach Nordamerika und erreicht Newfoundland. Seine Berichte von reichen Fischgründen locken schon bald baskische Walfänger und portugiesische Fischer an die Atlantikküste Kanadas.

1535
Der Franzose Jacques Cartier erkundet den St.-Lawrence-Strom bis zum heutigen Montréal. Er verwendet zum ersten Mal den Namen »Kanada« - ein Wort aus der Sprache der Irokesen, das vermutlich »Dorf« bedeutet.

1576-1578
Der Engländer Martin Frobisher macht sich auf die Suche nach der legendären Nordwest-Passage nach China - auf seinen drei Expeditionen kommt er aber nur bis Baffin Island.

1604
Im Auftrag des französischen Königs segelt der Pelzhändler und Kartograph Samuel de Champlain nach Kanada und errichtet 1605 in Nova Scotia das kleine Fort Port Royal - die erste dauerhafte Siedlung der Europäer in Kanada. Wenig später beginnen die Franzosen mit der Kolonisierung des St.-Lawrence-Tales. Champlain gründet 1608 die Stadt Québec; französische Waldläufer wie René de la Salle erkunden in den folgenden Jahrzehnten das weite Hinterland, entdecken den Mississippi und dringen bis in die Prärien vor.

1610
Henry Hudson entdeckt und erforscht die später nach ihm benannte gewaltige Meeresbucht im hohen Norden Kanadas.

ab 1625
Französische Jesuiten gründen zahlreiche Missionsstationen im Land der Huronen und Irokesen. Die Stämme werden aber bald durch eingeschleppte europäische Krankheiten stark dezimiert.

1663
Québec wird französische Kronkolonie. Rund 3000 Siedler, zumeist Bauern aus der Bretagne, leben bereits entlang des Sankt Lorenz. Wirtschaftliche Grundlage von Nouvelle France ist jedoch vor allem der Pelzhandel.

1670
Gründung der Hudson's Bay Company durch Londoner Kaufleute unter der Führung von Prince Rupert, einem Vetter des englischen Königs Charles II. Die Pelzhandelsgesellschaft erhält vom König alle Ländereien westlich der Hudson Bay - wie sich später erweist, ein Territorium von fast 4 Mio. qkm.

13. September 1759
Die entscheidende Schlacht um Québec: Im Siebenjährigen Krieg belagern und erobern die Engländer Québec City, ein Jahr später fällt Montréal. Frankreich muss 1763 im Frieden von Paris seine Kolonien in der Neuen Welt an das siegreiche England abtreten. In den folgenden Jahrzehnten erschließen Pelzhändler von Montréal und der Hudson Bay aus Kanada bis zu den Rocky Mountains.

ab 1776
Während und nach dem amerikanischen Unabhängigkeitskrieg fliehen rund 50 000 englischen Loyalisten aus den rebellierenden Kolonien nach Norden und lassen sich in Nova Scotia, Süd-Québec und Ontario nieder.

1780 - 1810
Im Landesinneren entstehen zahlreiche Forts rivalisierender Pelzhandelsfirmen. Auf mühsamen, oft wochenlangen Kanureisen werden die Felle aus der Arktis und den Rocky Mountains nach Montréal verfrachtet. Alexander Mackenzie, ein gebürtiger Schotte, sucht im Auftrag der Northwest Trading Company nach neuen Handelsrouten: Im Jahr 1789 befährt er den Mackenzie River bis zum Polarmeer, 1793 durchquert er als erster Mensch den Kontinent.

1812 - 1814
Der erste und einzige Krieg zwischen den USA und Kanada: Die Amerikaner brennen Fort York (das spätere Toronto) nieder, eine britische Kriegsflotte nimmt dafür Washington ein. Zur selben Zeit siedeln sich die ersten Farmer in den Prärien an und gründen mit Unterstützung des englischen Lord Selkirk die Red River Colony nahe dem heutigen Winnipeg.

1821
Nach bitteren Konkurrenzkämpfen vereinigen sich die beiden großen Pelzhandelsgesellschaften unter dem Namen der »Hudson's Bay Company«. Der ganze Westen und Norden Kanadas wird nun von der »HBC« verwaltet.

1841
Die beiden Kolonien Lower Canada (Québec) und Upper Canada (Ontario) werden vereinigt und dürfen sich weitgehend selbständig verwalten.

1. Juli 1867
Die Geburtsstunde Kanadas: Im »British North America Act« werden die Kolonien Ontario, Québec, Nova Scotia und New Brunswick zum »Dominion of Canada« erklärt. Zwei Jahre später tritt die Hudson's Bay Company ihr riesiges Territorium für 300 000 englische Pfund an den jungen Staat ab. Die HBC bleibt jedoch weiterhin die größte Pelzhandelsgesellschaft und spielt bis heute als Kaufhauskette eine wichtige Rolle in Kanada.

1870
Manitoba wird aus den Nordwest-Territorien abgetrennt und zur Provinz erklärt.

1873
Die neugegründete »Northwest Mounted Police« sorgt ab jetzt in den noch fast unbesiedelten Nordregionen und im Westen für Recht und Ordnung. Verträge der Regierung mit den Indianern

Seen voll von Bibern, Wälder voll von Füchsen und Mardern - die unendlichen Seenplatten Ontarios waren der Traum der Pelzjäger.

ermöglichen eine friedliche Kolonisierung der Prärien. Nachdem die riesigen Bisonherden um 1880 bereits nahezu ausgerottet sind, lassen sich die Indianer in Reservaten nieder.

1885
Fertigstellung der Trans-Canada-Eisenbahnline von Montréal bis Vancouver. Fünf Jahre Bauzeit erforderte das von finanziellen, technischen und politischen Schwierigkeiten geplagte Mammutwerk der Canadian Pacific Railroad. Doch nun wächst Kanada zusammen, der Handel

blüht auf. Eine weitere Folge des Bahnbaus: Von Bahnarbeitern entdeckte heiße Quellen in den Rocky Mountains werden unter Schutz gestellt - Banff, der erste kanadische Nationalpark.

um 1900
Mit Werbekampagnen lockt die kanadische Regierung Bauern aus Deutschland, der Ukraine und vielen anderen Ländern Europas an: In großen Einwanderungswellen werden so die Prärien besiedelt.

1903-1906
Der Norweger Roald Amundsen durchquert als Erster die seit Jahrhunderten gesuchte Nordwest-Passage durch das Polarmeer im Norden Kanadas.

1914
Kanadische Truppen ziehen an der Seite des Mutterlandes England in den Ersten Weltkrieg. In Québec allerdings ist das Wehrpflichtgesetz umstritten - erster Widerstand gegen die britische Dominanz regt sich.

1922
Für die Entdeckung des Insulin erhalten die an der University of Toronto forschenden Ärzte Frederick Banting und Charles Best den Nobelpreis.

1931
Durch das Statut von Westminster wird Kanada ein souveräner Staat im Britischen Commonwealth.

1939 - 1945
Nach der Weltwirtschaftskrise der 30er Jahre mit einer Arbeitslosenrate von 20 % in Kanada bringt der Kriegseintritt nun Vollbeschäftigung - teuer erkauft jedoch, denn mehr als 40 000 kanadische Soldaten sterben im Zweiten Weltkrieg.

Die Waschtags-Idylle auf Fogo Island trügt, denn der traditionsreiche Fischfang ist stark rückläufig, viele Fischer sind arbeitslos.

Schifffahrt über Land: Der Welland-Kanal im Süden Ontarios ist Teil des 1959 vollendeten St. Lawrence Seaway.

1945
Kanada wird Gründungsmitglied der Vereinten Nationen und ist seitdem an jeder Friedensmission der UN aktiv beteiligt.

nach 1945
Während der Nachkriegsjahre erlebt Kanada ein steiles Bevölkerungs- und Wirtschaftswachstum. Für die nächsten 20 Jahre wandern - vor allem aus dem vom Krieg verwüsteten Europa - alljährlich mehr als 100 000 Menschen in Kanada ein. Später kommen die Immigranten Ostkanadas vor allem aus der Karibik und Indien. Neue Weizensorten und Düngemethoden machen die Prärien zum Brotkorb der Welt, in den Atlantikprovinzen boomt der Fischfang.

1949
Neufundland tritt als zehnte und letzte Provinz dem Staat Kanada bei.

1959
Der St. Lawrence Seaway wird vollendet, Frachtschiffe können nun vom Atlantik bis nach Thunder Bay am Lake Superior fahren - 3000 km weit ins Herz des Kontinents.

ab 1960
In der Revolution tranquille, der »stillen Revolution«, lehnen sich die Québecer gegen die Vorherrschaft der Anglos auf. Französisch wird die offizielle Sprache der Provinz, wichtige Industrien werden verstaatlicht. Eine militante Separatistengruppe verübt sogar terroristische Anschläge.

1962
Fertigstellung des Trans-Canada-Highway, der ersten durchgehend geteerten Straße vom Atlantik zum Pazifik.

1976
In Montréal finden Olympische Sommerspiele statt. Auf der politischen Bühne gewinnt die Partei der Separatisten erstmals die Parlamentswahlen in Québec - Kanadas staatliche Einheit droht zu zerbrechen. In einer Volksabstimmung sprechen sich die Bürger 1980 jedoch gegen eine Abspaltung aus.

1990
In einer neuen Verfassung Kanadas soll die kulturelle und sprachliche Eigenständigkeit Québecs festgeschrieben werden. Dieser Antrag, der "Meech Lake Accord", scheitert jedoch in der Ratifizierung durch das Provinzparlament Manitobas - sinnigerweise durch den Einspruch eines Indianers. Québec droht erneut mit Sezession.

1992
Nach langen Verhandlungen mit der Bundesregierung erreichen die Inuit politische Unabhängigkeit: Am 1. April 1999 werden sie im Norden Kanadas ein eigenes, rund zwei Millionen Quadratkilometer großes Territorium erhalten: »Nunavut«.

1994
Kanada schließt sich dem Nafta-Treaty an, einem Freihandelsabkommen mit den USA und Mexiko. Exporte werden dadurch erleichtert, doch wird dadurch auch die viel zitierte Abhängigkeit vom großen Bruder USA weiter verstärkt.

1995
Im »Fischereikrieg« wehren sich die Kanadier gegen die Überfischung der Gewässer vor Neufundland durch Fangschiffe der Europäischen Union. Im Oktober des Jahres entscheiden sich die Bürger Québecs wie schon 1980 in einer Volksabstimmung knapp gegen eine Abspaltung von Kanada. Die Einheit des Landes ist - zumindest für die nächsten Jahre - gerettet.

1996
Im November überschreitet nach Berechnungen der Statistiker die Bevölkerung Kanadas erstmals die 30-Millionen-Grenze.

St.-Lorenz-Seeweg
Schleusen
Kapuskasing
Val-d'Or
Timmins
Québec
Trois-Rivières
Montréal
Ontario
KANADA
Thunder Bay
Lake Superior
Sault Ste.Marie
Sudbury
North Bay
Ottawa
Burlington
Orillia
Peterborough
Lake Huron
Lake Michigan
Toronto
Lake Ontario
Kitchener
Hamilton
Niagara-Fälle
Buffalo
USA
London
Milwaukee
Detroit
Lake Erie
Erie
Cleveland
Philadelphia
New York
0
200 km
Nunavut
(ab 1.4.1999)
Nordpolarmeer
Queen-Elizabeth-Isl.
Cape Columbia
Alert
Ellesmere-Isl.
Grönland
Axel-Heiberg-Isl.
Qânâq (Thule)
Magnet Pol
Baffin Bay
Melville-Isl.
Parry-Isl.
Devon-Isl.
Beaufort-See
McClure-Str.
Visc.
Melville-Sound
Resolute
Lancaster-Sound
Pond Inlet
Banks-Isl.
Clyde
Prince-of-Wales-Isl.
District of Franklin
Amundsen Gulf
Boothia H.-Isl.
Gulf of Boothia
Baffin-Island
Victoria-Isl.
McClintock Chan.
Melville-Peninsula
Pangnirtung
Nuuk (Godthåb)
Pâmint (Frederikshåb)
Coppermine
Gjoa Haven
Pelly Bay
Foxe-Basin
Iqaluit (Frobisher Bay)
Cumberland Sound
Great Bear Lake
Port Radium
Repulse Bay
Foxe Channel
Labradorsee
Cape Dorset
Northwest-Territories
Hudsonstrait
Cape Chidley
District of Mackenzie
Baker Lake
Southampton-Isl.
Koartac
Ungava Bay
Port-Nouveau-Québec
Yellowknife
Chesterfield Inlet
District of Keewatin
Newfoundland
Nain
Great Slave Lake
Eskimo Point
Ottawa-Isl.
Fort-Chimo
Hay River
Kasba Lake
Labrador
Inoucdjouac
Fort Vermilion
Uranium City
Hudson Bay
Goose Bay
Schefferville
Churchill
Peace R.
Lake Athabasca
Manitoba
Belcher-Isl.
Smallwood Res.
Cape Bauld
Peace River
Alberta
Athabasca R.
Rein deer L.
Poste-de-la-Baleine
Labrador City
Grand Falls
Gander
St.John's
Saskatchewan
Lynn Lake
Churchill R.
Nelson R.
Fort Severn
La Grde. Rivière
Havre-St-Pierre
Corner Brook
Newfoundland
Cape Race
Thompson
James Bay
Chisasibi
Québec
Sept-Iles
St. Pierre-et-Miquelon (Fr.)
Athabasca
La Ronge
Flin Flon
Big Trout Lake
Gaspé
Edmonton
The Pas
Fort-Rupert
Chibougamau
Prince-Edward-Isl.
Sydney
Lloydminster
Lake Winnipeg
Moosonee
Matagami
Red Deer
Gypsumville
Albany R.
Chicoutimi
Charlottetown
Banff
Saskatoon
Red Lake
Sioux Lookout
Kapus-kasing
Fredericton
Calgary
Regina
Yorkton
Winnipeg
Ontario
Val-d'Or
Québec
Halifax
Timmins
Trois-Rivières
Sher-brooke
Nova Scotia
Medicine Hat
Moose Jaw
Portage la Prairie
Kenora
Thunder Bay
Montréal
Lake Superior
Sudbury
North Bay
Augusta
Grand Forks
Sault Ste.Marie
Ottawa
Burlington
Concord
New Brunswick
Helena
Duluth
Lake Huron
Orillia
Peterborough
Yellowstone R.
Bismarck
Toronto
Lake Ontario
Boston
Missouri R.
Kitchener
Albany
Atlantischer Ozean
USA
Billings
St.Paul
Hamilton
Buffalo
Hartford
Minneapolis
London
Pierre
Milwau-kee
Lake Michigan
New York
Mississippi
Erie
Rapid City
Sioux Falls
Detroit
Lake Erie
Philadelphia
Idaho Falls
Chicago
Cleveland
Casper
U S A
Sioux City
Pittsburgh
N

Danksagung
Die Autoren bedanken sich für die freundliche Unterstützung durch:

Leica Camera GmbH, Solms, sowie die kanadische Vertretung in Toronto
Tourism Ontario: Duncan Ross, Diane Helsinki und Monika Angermeier
Tourism Québec: Johanne L. Belle-Isle und Yvonne Molek
Tourism Manitoba: Dennis Maksymetz
Tourism New Brunswick: Kim Lacey
Tourism Prince Edward Island: Carol Horne
Tourism Nova Scotia: Randy Brooks
Kanadische Botschaft, Astrid Holzamer, Bonn
Kanadisches Generalkonsulat, Abt. Tourismus
Karl-Heinz Limberg, Düsseldorf
Frontiers North, Winnipeg (Polar Bear Tour Churchill), Manitoba
Elmhirst's Resort, Ontario
Hans Blohm, Ottawa, Ontario
Pierre Brien, Keewadin Canoe Expeditions, Québec
Veronica Amberg & Mario Badillo, Montreal, Québec
Helmut & Merilyn Lein, Grenville, Québec
Sam MacPhee, Gaelic College, Baddeck, Nova Scotia
Elke Dettmer, Pouch Cove, Newfoundland
Fran & Brian Williams, Nain, Labrador
Jim & Yvonne Jones, Mary's Harbour, Labrador

Impressum

LOOK – Die Bildagentur der Fotografen
ist ein Zusammenschluss von derzeit 20 renommierten Fotografen. Erst vor wenigen Jahren gegründet, zählt die Fotografengemeinschaft aufgrund ihres anspruchsvollen Bildangebotes mittlerweile zu den führenden Agenturen in Deutschland.
So vielseitig wie die Fotografen sind auch ihre Themen (Reise, Sport, Wildlife, Reportage, Mode, etc.) und deren fotografische Umsetzung.

Die an der **LOOK/Stürtz-Bildbandreihe** beteiligten Fotografen zählen zu den besten in ihrem Metier. Lange Reisen in die jeweiligen Länder oder Städte sind Garant für stimmungsvolle Landschafts- und Architekturaufnahmen und bieten einen umfassenden Einblick in die kulturellen Besonderheiten.

LOOK – Die Bildagentur der Fotografen
Kapuzinerstraße 9 D
80337 München
Tel. 089 / 544 233-0
Fax 089 / 544 233-22

Bildnachweis
Archiv für Kunst und Geschichte, Berlin:
S. 76 links, S. 76 rechts oben, S. 76 rechts 3. Abb. von oben, S. 105 oben links, S. 105 oben rechts, S. 105 unten links.

National Archives of Canada:
S. 76 rechts 2. Abb. von oben,
S. 120/121 (alle Abbildungen).

Kurt J. Ohlhoff:
S. 76/77 Hintergrundbild.

Karl Teuschl:
S. 77 unten.

Buchgestaltung
Matthias Kneusslin, hoyerdesign, Freiburg

Karte
grafis, Dortmund

Die Deutsche Bibliothek – CIP-Einheitsaufnahme

Kanada - Der Osten / Karl Teuschl; Karl-Heinz Raach – Würzburg : Stürtz, 1997
ISBN 3-8003-0801-0
NE: Teuschl, Karl; Raach, Karl-Heinz

Repro: Rete GmbH, Freiburg
Druck und Verarbeitung:
Universitätsdruckerei H. Stürtz AG, Würzburg
ISBN 3-8003-0801-0